CB143449

Terapia da RIQUEZA

Deborah L. Price

Terapia da RIQUEZA

8 padrões de comportamento para criar prosperidade

BestSeller

CIP-BRASIL. CATALOGAÇÃO-NA-FONTE
SINDICATO NACIONAL DOS EDITORES DE LIVROS, RJ.

Price, Deborah L., 1958-
P948t Terapia da riqueza: 8 padrões de comportamento / Deborah L. Price. – Rio de Janeiro: Best*Seller*, 2008.

Tradução de: Money therapy
ISBN 978-85-7684-299-6

1. Finanças pessoais - Aspectos psicológicos. 2. Moeda - Aspectos psicológicos. I. Título.

CDD: 332.024
08-2455. CDU: 330.567.2

Título original norte-americano
MONEY THERAPY

Copyright © 2000 by Deborah L. Price

Publicado originalmente por New World, Novato, Califórnia, USA

Capa: Mello e Mayer
Projeto gráfico e diagramação: ô de casa

Todos os direitos reservados. Proibida a reprodução,
no todo ou em parte, sem autorização prévia por escrito da editora,
sejam quais forem os meios empregados.

Direitos exclusivos de publicação em língua portuguesa para o Brasil
adquiridos pela
EDITORA BEST SELLER LTDA.
Rua Argentina, 171, parte, São Cristóvão
Rio de Janeiro, RJ – 20921-380
que se reserva a propriedade literária desta tradução

Impresso no Brasil

ISBN 978-85-7684-299-6

Este livro é dedicado à minha filha, Anjelica
Price-Rocha, pelo amor, pela beleza e
pela sabedoria que trouxe à minha vida, e em
memória de minha amiga Barbara Lossos,
cujo espírito ainda está conosco.

Sumário

Agradecimentos

Foi necessário quase um vilarejo inteiro para escrever este livro. Sou abençoada por ter uma impressionante comunidade de amigos, familiares e colegas que me incentivaram e apoiaram meus esforços para produzir esta obra. Com toda minha gratidão, agradeço a cada um de vocês. E gostaria de agradecer especialmente a:

Minha agente, Sheree Bykofsky, e Janet Rosen, por acreditarem neste livro desde o princípio.

Minha editora, Georgia Hughes, e todos na New Word Library, por seus esforços em tornar este livro possível.

Carol Weser, por ser meus olhos quando eu não podia ver.

Charlotte e Rodney Strong, pelo melhor presente da minha vida no Toad Hollow.

Minha filha, Anjelica, por sua imensa paciência e compreensão.

Wild Women of Healdsburg, por todas aquelas noites de sexta-feira que me salvaram.

James Black e Julie Simons, pelo seu cuidado e sustento.

Meus maravilhosos amigos e familiares Marge Abrams, Brenda Ferreira, Elizabeth Harlow, Leslie Gainer, Marian Morioka, Mary Rubio, Carol Bell, Molly Light, Benjamin Schick, Caite Mathis, Julie Greenwalt, Kris Cuneo, Randy Price, Stephanie Skidmore e Bob Rembowski – eu amo todos vocês.

Minha mãe, Pat Price, e minha irmã, Tricia Davisson, por seu amor e confiança em mim.

Sandy Plone, pelo prefácio deste livro e por ser minha querida amiga.

Meus clientes, que permaneceram ao meu lado e me apoiaram durante as muitas mudanças da minha vida. Sou muito grata.

Paz e bênçãos a todos vocês.

Prefácio

Este livro maravilhoso, *Terapia da riqueza*, representa a ferramenta que faltava para ajudar indivíduos a reconstruir sua vida financeira por meio da perspectiva do seu desenvolvimento espiritual. Deborah Price juntou seus conhecimentos, crenças e conceitos numa impressionante mistura de experiências, a fim de guiar e educar as pessoas na direção de seus potenciais mais elevados. Trata-se de uma notável contribuição a este campo, e aqueles que tiverem a coragem de ler e utilizar sua sabedoria irão beneficiar-se.

Muitos autores já escreveram a respeito da prosperidade – incluindo sobre como o sucesso, o poder, a fama e o dinheiro estão inter-relacionados com a espiritualidade. Como psicóloga clínica, aprendi com os conflitos e lutas dos meus pacientes (e com os meus próprios) que tipo de questão essencial o dinheiro representa em nossas psiques, nossos relacionamentos e em todos os aspectos da nossa vida.

Meu primeiro contato com Deborah Price deu-se quando ela era minha consultora financeira e, subseqüentemente, tornou-se uma querida amiga. Sua sabedoria, dedicação em ajudar os clientes e um nível de integridade que transcendia àquele da maioria das pessoas no mundo financeiro eram evidentes. Ela iniciou a tarefa de educar-me acerca de questões financeiras, guiando-me gradualmente da "inocência" à aceitação da responsabilidade pela minha vida financeira. Minha jornada havia sido dedicada a ajudar as pessoas a curar feridas da infância e manejar as complexidades da vida moderna. Nós duas nos tornamos sensivelmente cientes da justaposição existente entre a consultoria financeira, a psicologia e o caminho espiritual que compartilhávamos.

O dinheiro parece representar o supremo tabu! Do mesmo modo, muitos autores e terapeutas concordam que as pessoas acham mais fácil revelar suas confidências sexuais, por exemplo, do que falar sobre questões de dinheiro. Ainda assim, o poder das primeiras experiências e das crenças profundamente arraigadas sobre o dinheiro é bastante claro. Quando os indivíduos exploram seus bem guardados mitos, consciente ou inconscientemente, torna-se possível que compreendam melhor os bloqueios ou padrões que então guiaram suas decisões financeiras. O dinheiro pode ser um símbolo de amor nas famílias, bem como um símbolo de violência. Pode ser usado como uma arma nos relacionamentos, manipulando conflitos sobre sexo, amor ou poder. Maridos e esposas, pais e filhos, irmãos – todos somos vítimas de raiva, inveja, amor, compaixão ou preocupações com o dinheiro nesses relacionamentos complexos.

Ter um relacionamento harmonioso com as próprias finanças é parte da conexão mente/corpo/espírito para viver saudável e equilibradamente, e o princípio da prosperidade é uma atitude de respeito à vida. Uma consciência de abundância pode tornar-se uma profecia auto-realizadora, e o mesmo acontece com uma consciência de escassez. Quando meus pacientes perguntam-me como podem realizar esta mudança, eu os aconselho a procurar um orientador confiável, a ler o material disponível sobre o assunto e a esclarecerem-se, compreenderem e depois removerem os mitos destrutivos ou crenças da infância que possam bloquear o caminho para a prosperidade.

Deborah Price integrou sólidos princípios psicológicos e crenças espirituais universais com seu extenso conhecimento de planejamento financeiro de uma forma articulada, fácil de ler. Os terapeutas recomendarão este livro aos casais como parte do aconselhamento pré-nupcial, a fim de ajudá-los a prevenir conflitos posteriores, e aos indivíduos jovens e maduros que buscam uma jornada de autoconhecimento na direção de uma vida pacífica e próspera.

Sondra Plone, Ph.D.
Psicóloga Clínica
Los Angeles, Califórnia.

Introdução

O homem nasce livre; e em todos os lugares
ele está acorrentado.

– Rousseau, *O contrato social*, 1762

Hoje em dia os sintomas do medo, estresse e ansiedade em relação ao dinheiro permeiam nossa sociedade. Eles afetam tanto ricos como pobres e talvez sejam os laços que mais nos unam e nos tornem mais semelhantes do que nos damos conta. Embora os sintomas sejam diferentes para cada pessoa, quase todos sofrem de uma ou outra forma da "doença". Ainda que muitas drogas estejam disponíveis para nos ajudar a lidar com outros tipos de medo e ansiedade, está para ser inventada a cura para nossos problemas com dinheiro.

Sempre fui uma observadora por natureza. Passei centenas de horas e incontáveis dias da minha vida assistindo ao drama humano desenrolar-se diante de mim. Adoro a vida e as pessoas imensamente e sempre guardei no meu coração uma enorme esperança na humanidade. No entanto, nos últimos anos, o que tenho visto assustou-me e perturbou-me tão profundamente que se tornou cada vez mais difícil permanecer como uma testemunha silenciosa do que vejo acontecer à minha frente.

No meu trabalho como consultora financeira, também tenho observado o comportamento perturbador das pessoas que lutam para adquirir mais e mais bens materiais, com uma crescente sensação de frustração e desespero financeiro. As pessoas vêm a mim buscando "segurança financeira" e procurando por algo mais significativo em suas vidas. Infelizmente, com demasiada freqüência, "mais" quer dizer um carro novo, um barco, uma casa maior, alguma coisa que serve apenas para aumentar sua carga e complicar ainda mais sua vida. Por repetidas vezes, vi pessoas tornarem-se escravas de suas necessidades insaciáveis por mais coisas, tanto que suas energias vitais acabam se exaurindo. Não faço esta afirmação com qualquer crítica. Ao contrário, faço porque acredito que estamos vivendo num coma consumista por tempo demais e que as conseqüências desta inconsciência em massa afetam grandemente nossas psiques e estão refletidas no mundo devastado que nos rodeia. Nós nos tornamos tão alheios à realidade do que de fato está acontecendo, que ficamos imobilizados demais para tomar qualquer atitude e fazer as mudanças necessárias para subsistirmos neste planeta.

A publicidade e a mídia nos convenceram de que não somos nada sem o dinheiro e os bens materiais. Estamos nas garras de uma obsessão nacional. Temos sofrido uma lavagem cerebral para acreditar que esta "coisa" que devemos querer, esta realização, resulta do que temos, em vez de como vivemos e sentimos. Num momento em que não existe mais espaço para a construção de outros shoppings, a Internet criou um shopping virtual que nos permite comprar 24 horas por dia, numa busca para preencher o vazio que sentimos profundamente, mas que falhamos em compreender. Enquanto isso, os bilhões de dólares gastos na exploração do nosso vício em massa de comprar coisas que não precisamos poderiam ser usados para salvar a Terra, que oscila à beira do precipício.

O consumismo é o vício da nossa época, e está na hora de reconhecermos este fato, pois temos muito a perder. Escrevi *Terapia da riqueza* para ajudá-lo a lembrar-se do propósito de sua vida: o propósito original. Aquele para o qual você nasceu. Você não nasceu para comprar. Não nasceu para viver sua vida endividado pelas coisas que possui. Você não foi destinado a gastar sua energia vital trabalhando para poder simplesmente acumular bens materiais. Não é disso que se trata a abundância e a prosperidade. O dinheiro é uma ferramenta destinada a ajudá-lo a transformar sua vida de maneiras mais significativas. Como uma ferramenta, facilitará a abertura de um caminho para a realização verdadeira que advém de viver sua vida com intenção e propósito. Não importa quanto dinheiro você tem, se tudo o que está fazendo é gastá-lo para acumular mais coisas. Este tipo de gasto é um desperdício da moeda de sua vida. Você foi destinado a coisas maiores, e em seu interior reside uma verdade muito maior. É esta verdade que procuro ajudá-lo a redescobrir. Você tem dentro de si o poder de realizar tudo o que deseja. Tem também o poder de evoluir e decidir fazer a diferença. Todos precisamos acordar e nos tornar parte da solução. Para isso, é necessário que estejamos na fase final do jogo do dinheiro chamado "tudo ou nada". Acordar não é fácil, mas, em minha experiência, quando não conseguimos escutar o despertador geralmente somos acordados de maneira brusca por qualquer outra coisa capaz de nos chamar a atenção.

O meu toque de despertar

Seis anos atrás, o mundo como eu o conhecia literalmente desabou. No dia 17 de janeiro de 1994, o terremoto Northridge atingiu Los Angeles. Tive uma premonição de que ele estava chegando. No dia anterior, convidei um amigo arquiteto para uma visita e lhe pedi para avaliar o prédio de apartamentos onde eu morava, a fim de verificar se ele suportaria um grande terremoto. Ele analisou todo o prédio, dizendo que parecia bastante sólido e que agüentaria bem. Aproximadamente às quatro horas da manhã seguinte, o terremoto nos atingiu. Eu já estava acordada. Dava a sensação e soava como a explosão de uma bomba. Corri pelo corredor para pegar minha filha, ainda bebê, em meio à escuridão e ao caos. Poucos minutos depois, outro terremoto nos atingiu e podíamos ouvir o prédio começando a ruir nas estruturas. Meu marido e eu, temendo por nossas vidas, decidimos sair do nosso apartamento no terceiro andar. Fomos abrindo caminho até a porta da frente e descobrimos que estávamos presos lá dentro. Estava completamente escuro, fagulhas elétricas sibilavam e voavam pela sala e o cheiro de gás começou a tomar o ar. Eu me arrastei de joelhos no escuro, procurando freneticamente as chaves. Enquanto vasculhava pelos destroços e vidros quebrados, minha mente inundava-se de pensamentos aterrorizantes. Seria aquele o fim? Nós conseguiríamos sobreviver? Não havia como encontrar minhas chaves. Eu não estava pronta para morrer. Enquanto pensava em meu bebê, fui ficando mais determinada a encontrar uma saída. Então, com o canto do olho, avistei o brilho das chaves sobre uma pilha de entulho. Estavam a poucos metros da mesa onde eu as tinha deixado. Arrastei-me de volta para a porta da frente e a destranquei, e descemos as escadas correndo para o apartamento dos nossos vizinhos. Juntos, com nossos filhos a tiracolo, seguimos de carro pela avenida Montana, um dos bairros mais ricos do mundo, que agora parecia uma zona de guerra. O céu era de um lúgubre cinza-esverdeado. Todos os sinais de trânsito tinham parado de funcionar, e as luzes dos postes estavam apagadas. Lentamente, dirigimos pela avenida em caravana, seguindo nossos amigos para o abrigo da casa dos pais deles, onde passamos em claro a noite mais fria e mais escura de nossa vida. Abraçados uns aos outros na sala de estar, choramos e esperamos, imaginando como o mundo estaria ao amanhecer.

Três dias depois do terremoto, juntei minha família e parti de Los Angeles para reconstruir minha vida. Tanto minha casa como meu escritório estavam condenados. Pouco restara para salvar. Eu nunca voltei ao apartamento. Não suportaria vê-lo novamente. Foram poucos os meus amigos ou parentes que conseguiram entender como eu poderia deixar toda uma vida para trás sem nem mesmo saber para onde iria. Mas, para mim, estava tudo bem que não soubesse. Eu sabia que o terremoto havia sido meu toque de despertar, cujo propósito era sacudir-me para fora da vida que eu estivera vivendo e levar-me a descobrir a vida para a qual estava destinada; eu me sentira infeliz com a vida na cidade durante anos. A poluição, o trânsito, os crimes, tudo estava começando a me atingir. Eu ansiava por uma vida mais simples. Quando minha filha nasceu, minha vontade de fugir da cidade ficou ainda mais forte. Depois do terremoto, eu não podia mais ir para casa, nem para o trabalho. A partir do momento em que a casa e o trabalho não existiam mais, eu sabia que estava na hora de render-me ao plano de Deus. Quando partimos, eu sabia apenas que devíamos seguir para o norte e ter fé. O restante me seria revelado no devido tempo.

Agora, anos depois, acredito que o terremoto, embora uma experiência aterrorizante, foi uma bênção disfarçada. Não perdi nada que não pudesse ser recuperado ou sem o qual não conseguisse viver. Mesmo depois do terremoto, passei por muitas outras perdas, outros aftershocks[1]. Agora encaro essa parte da minha vida como uma longa fase em que aprendi a me desfazer. Quanto mais me desfaço, mais espaço tenho para aquilo de que realmente preciso e mais receptiva me torno para viver o propósito da minha vida.

Hoje moro no interior, cercada pela natureza e pela tranqüilidade. Na imobilidade deste espaço, permiti que minha mente se aquietasse, e pela primeira vez desde que eu era criança pude ouvir minha voz interior e tudo o que ela precisava dizer. Aprendi que tudo o que se quebra pode ser reconstruído. Nossas vidas são como grandes mosaicos. Quando tiramos um tempo para juntá-los e recuamos para olhá-los, vemos que cada pedaço encaixa-se perfeita e lindamente no outro. O mesmo acontece com nossa vida. Este livro irá ajudá-lo a examinar os pedaços de sua vida de maneiras diferentes. Irá ajudá-lo a tornar-se mais lúcido sobre quem você é e o que realmente valoriza. Quando você criar o mosaico da sua vida, o dinheiro deverá fazer parte da moldura, não do quadro.

Explorando nosso relacionamento com o dinheiro

O dinheiro possui uma energia e uma vida próprias. Contém uma dualidade semelhante àquela presente em nossa própria natureza.

[1]Tremor que segue o abalo principal de um terremoto. (*N. da T.*)

É espiritual e material, criativo e destrutivo, amoroso e cruel. Pode nos ajudar na realização de nossos maiores sonhos ou pode nos levar a ser derrotados pelos nossos piores pesadelos. Nosso relacionamento com o dinheiro talvez seja a maior experiência de Deus com os filhos de sua criação. Pois demos tal poder ao dinheiro que ele permeia todas as partes da nossa existência. É mais do que um meio de troca; ele tornou-se nossa "outra" vida. E, com muita freqüência, é a vida à qual prestamos mais atenção e mais valorizamos, em detrimento de experimentar a riqueza que reside em nosso potencial inexplorado.

Nossos relacionamentos inconscientes e pouco saudáveis com o dinheiro têm causado muitos dos problemas que experimentamos individual e coletivamente. Uma das maneiras de explorar como estes relacionamentos inconscientes funcionam é identificar e observar nosso arquétipo primordial com relação ao dinheiro. Um arquétipo consiste de padrões inconscientes, pensamentos ou crenças que estão ativos em sua vida. No capítulo 3, você descobrirá como seu arquétipo pessoal tem influenciado seu relacionamento com o dinheiro. Aprender a identificar e trabalhar com seu arquétipo em relação ao dinheiro exige que você olhe para o espelho de sua alma. O arquétipo em relação ao dinheiro que está ativo neste momento da sua vida é o lugar em que você foi solicitado a crescer. À medida que nos modificamos e nos tornamos cada vez mais conscientes, geralmente mudamos de uma fase arquetípica para outra. Este movimento é uma parte necessária da jornada que em nossa fase mais consciente, que é a do Mágico do dinheiro, nos torna verdadeiramente esclarecidos. É só então que nos damos conta de que, respeitando nosso eu, respeitamos o Espírito. Como recompensa da nossa coragem para empreender esta jornada interior, somos transformados pelo nosso conhecimento e tomamos consciência do nosso poder de realizar tudo aquilo que desejarmos. Quando chegamos a esse lugar, enxergamo-nos de uma maneira como nunca antes tínhamos nos visto. O rosto que nos encara de volta no espelho não é mais o de um estranho numa terra estranha, mas a imagem do nosso verdadeiro eu.

Por que escrevi este livro

O propósito deste livro é ajudá-lo a explorar o grande mistério do dinheiro, para que você possa encontrar seu próprio caminho. Esta jornada é sobre a verdade, o autoconhecimento e o esclarecimento. Ela desafiará seu sistema de crença a respeito do dinheiro. Construirá a ponte entre o passado e o presente, de forma que você possa aprender a comandar seu futuro. Irá sacudi-lo do profundo sono da inconsciência. Você despertará para ver a si mesmo pela primeira vez, como o Mágico que esteve destinado a ser, que sabe não apenas onde reside a fonte do dinheiro, mas possui a chave para destrancar sua porta.

Escrevi este livro para ajudá-lo a encontrar a chave para quem você realmente é e o que de fato está procurando. Existem tantos caminhos quanto existem viajantes. Siga o caminho que o levou a escolher este livro. O que você está buscando? O que deseja mudar? Deixe que as respostas para essas perguntas sejam seu ponto de partida. Recomendo que você mantenha um diário de *Terapia da riqueza* sempre à mão, a fim de registrar suas respostas aos exercícios que surgirão no decorrer do livro. Muitos dos meus clientes já se beneficiaram dos insights obtidos com o diário. É também uma maneira excelente de acompanhar o curso de seu progresso.

À medida que lê este livro, talvez você queira passar os olhos rapidamente em alguns capítulos, ou mesmo pulá-los. Tudo bem. Pode ser que você já tenha viajado por aquele caminho e conheça bem sua paisagem. Ou, quem sabe, queira rever mais tarde um capítulo que não esteja exatamente pronto para explorar agora. No entanto, resista à tentação de tomar um atalho apenas porque parece a maneira mais fácil de chegar ao seu destino. Tomar a rota mais fácil geralmente resulta em desvios desnecessários ou bloqueios ao seu sucesso. Qualquer que seja seu destino, use o coração como um guia e o Espírito como sua bússola, e certamente encontrará seu rumo.

Capítulo 1
O jogo do dinheiro

O homem deve escolher entre ser rico em coisas
ou em liberdade para usá-las.

– Ivan Illich, *Deschooling Society*, 1971.

No meu trabalho como consultora financeira, durante os últimos 15 anos, tenho observado freqüentemente o jogo que as pessoas fazem com o dinheiro. O objetivo primordial deste jogo é esconder, e manter escondida, a camada profunda de ansiedade, medo e vergonha que sentimos a respeito do dinheiro. Em silêncio, temos vivido com este desconforto, aceitando-o como se fosse nossa sina. Nós nos tornamos hábeis jogadores nesse jogo de esconde-esconde, mas esquecemos que o que fica escondido ainda vive dentro de nós. Nós nos tornamos desconectados da nossa realidade interior, e assim fazendo abrimos mão do nosso poder e deixamos pouco espaço para compreender o relacionamento que temos com o dinheiro e o significado dele em nossa vida. Renunciando ao controle, tornamo-nos os peões no jogo do dinheiro e permitimos que o dinheiro governe cada movimento nosso.

Inconscientemente, aceitamos que o dinheiro é nosso maior recurso, e depois sentimos que o desperdiçamos, negligenciamos, abusamos dele, que o evitamos ou cobiçamos. Qualquer coisa que você pensar, a maioria de nós já fez. Secretamente, sentimo-nos culpados, envergonhados e incapazes de comunicar tais sentimentos a outras pessoas. Como foi que nós, como uma civilização, chegamos a ponto de não somente entregar nosso poder ao dinheiro, mas também de negar o controle que ele exerce sobre nossa vida e nosso bem-estar?

Muitas civilizações que existiram antes de nós jamais usaram uma moeda ou nem mesmo sabiam o que era o dinheiro. Quando o dinheiro finalmente passou a ser usado, começou a transformar a História e o nosso sistema de crença, de maneira profunda e duradoura. Mesmo séculos depois, ainda não entendemos todos os efeitos do dinheiro em nossa vida, ou como ele molda nosso mundo. O significado do dinheiro continua a nos escapar. Hoje em dia, devido ao poder e à ênfase inconcebíveis que lhe demos, o jogo do dinheiro comanda nossa vida diária. Tomamos decisões baseados em nossos sentimentos de não ter dinheiro suficiente, trocamos de carreiras porque queremos mais dinheiro, e muitos até mesmo se casam ou divorciam por causa do dinheiro. Praticamente todas as grandes decisões que tomamos estão, de alguma forma, ligadas ou influenciadas pelo dinheiro. Ainda assim, raramente examinamos de fato o que realmente procuramos. Nunca antes a humanidade criou um jogo tão amplamente jogado que não possui nenhum livro de regras, nenhum guia ou treinamento. Não é de admirar que nos escondamos. Nem mesmo conhecemos as regras!

Algumas verdades essenciais sobre o dinheiro

Como o dinheiro tornou-se tão poderoso, já que consiste em pedaços de papel que têm valor apenas se acreditarmos nisso? Não entendemos que o dinheiro, literalmente, não vale nada sem nossa crença nele. Nós o criamos. Nós lhe demos valor. Nós o tornamos poderoso. E então, conforme o jogo do dinheiro cresceu, esses pedaços de papel tornaram-se nosso maior recurso, tão valioso que muitas pessoas inconscientemente o idolatram acima de tudo mais. Agora, nosso maior infortúnio é que, sem o dinheiro, sentimos que não somos nada.

O dinheiro é misterioso e indefinível. E, quanto mais somos definidos por ele, lutamos para ganhá-lo e necessitamos dele, é mais difícil obtê-lo. Uma das mais admiráveis soluções para se ter mais dinheiro é render-se a ele. Devemos aprender a integrar as leis espirituais universais ao mundo do dinheiro; a maior destas leis é render-se àquilo que não conseguimos controlar.

Não conseguimos e não controlamos o dinheiro. O dinheiro é uma mercadoria. Seu valor muda não apenas em relação à economia, mas também em relação à nossa consciência. Não podemos controlar o dinheiro, mas, entendendo-o, podemos obter o que precisamos. O dinheiro não faz parte de nós. Não podemos realmente possuí-lo, porque não é realmente nosso. E, à medida que mantivermos a ilusão do dinheiro como nossa rede de segurança, iremos nos tornar prisioneiros da nossa própria criação.

O dinheiro nos possuirá, se o permitirmos.

Definindo o jogo do dinheiro

O dólar expõe uma verdade em quatro simples palavras impressas em cada nota: "Em Deus nós Confiamos." Poderia muito bem ser: "No Dinheiro, Nosso Deus, nós Confiamos." Assim seria mais honesto. Dessa forma ficaríamos um pouco mais aliviados por declarar abertamente que é no dinheiro que de verdade acreditamos. Quer estejamos ou não conscientes disto, esta verdade é o fio que tece a trama da nossa existência. Depositamos toda nossa confiança no dinheiro. Esta é uma das regras não ditas do jogo. Poucos de nós possuem a perspicácia de reconhecer este paradoxo básico. Fomos programados para acreditar no material e no tangível. Como resultado, não importa quanto dinheiro temos, ou quantos bens acumulamos, não nos sentimos realizados, e a nossa busca infindável por substitutos que possam preencher o vazio continua. Olhando mais atentamente o simbolismo impresso no dólar, encontramos outras mensagens subliminares. Primeiro, o dinheiro é verde, uma cor que simboliza crescimento e riquezas. Na frente da cédula de dólar, há o retrato do "pai" fundador, simbolizando a liderança do dinheiro como patriarcal. Nesse caso, o dinheiro possui uma energia nitidamente masculina e é equiparado à vitória e ao sucesso.

O maior jogo do dinheiro do mundo, a Wall Street, ainda é amplamente controlado por homens, com as mulheres representando menos de 12 por cento daquela população. (Esse patriarcado, no entanto, não se estende à posse do dinheiro. Enquanto os mercados são dominados pelos homens, mais da metade das fortunas dos Estados Unidos pertencem às mulheres.)

No mundo atual, o jogo do dinheiro Wall Street permanece no topo da hierarquia, e é o jogo que todos querem jogar. Entretanto, a mesa está completa e as apostas são altas, porque não temos acesso ao livro de regras.

O dinheiro tem mais significados ocultos. Quando se vira a nota de dólar, pode-se encontrar dois grandes símbolos norte-americanos: um deles, a águia americana, que é bastante conhecida, e o outro, escrito em latim, que não é amplamente compreendido. Este símbolo mais obscuro é bastante vigoroso: o interior de sua pirâmide, que consiste em 13 pedras, representa as 13 colônias originais. Um "olho iluminado" fica no topo da pirâmide. As palavras acima desse olho que tudo vê e tudo sabe, *annuit coeptis*, foram tiradas da obra de Virgílio e significam: "Ele, Deus, sorriu para o nosso empenho". Na parte de baixo da pirâmide, estão as palavras *novus ordo seclorum*, que podem ser traduzidas como "a nova ordem das eras", também adaptadas de Virgílio. Para um país fundamentado no princípio de separação de Igreja e Estado, certamente existem muitas referências a Deus em sua moeda!

Todas as evidências sugerem que o dinheiro, Deus e a religião estão entrelaçados desde o início da civilização. Portanto, não é de admirar que o dinheiro tenha se tornado uma força tão poderosa. Por baixo de todo o simbolismo, há outra mensagem oculta que chega ao âmago do jogo do dinheiro: "Se você é bom e joga conforme as regras, nós, os guardiões dos portões, lhe mostraremos o caminho para este recurso poderoso." Na verdade, a criação do dólar foi o nascimento do primeiro esquema de pirâmide, mais popularmente conhecido como capitalismo.

A inconsciência em relação ao dinheiro como a raiz do nosso sofrimento

O capitalismo, e seu subseqüente impulso na direção do consumismo, influencia consideravelmente a infra-estrutura financeira da nossa própria vida e a maneira como lidamos com o dinheiro. Talvez a nossa necessidade de dinheiro seja tanto para sustentar nosso modo de vida e a sobrevivência do capitalismo, quanto para alimentar nossos próprios desejos e necessidades inconscientes.

Qualquer que seja o caso, de uma coisa tenho certeza: o dinheiro desempenha um papel grande demais em nossa vida para que permaneçamos inconscientes do que isso significa para nós como indivíduos. Precisamos nos conscientizar do seu impacto em nossa vida e em nossas escolhas. Continuar a jogar o jogo do dinheiro e negar que vivemos na escravidão do dinheiro apenas perpetua nossos medos e ansiedades, destruindo nossa alma. Como afirmou o filósofo Jacob Needleman em seu livro *Money and the Meaning of Life* [Dinheiro e o Significado da Vida]: "O dinheiro penetra tão profundamente em nossa personalidade e em nosso organismo psicofisiológico, que a exploração pessoal do dinheiro é necessária para a descoberta do eu, a descoberta daquelas partes ocultas da natureza humana... esta necessidade de estar em relação com a nossa consciência".[2]

A falta de atenção no nosso relacionamento com o dinheiro é sem dúvida a raiz de vários de nossos sofrimentos. Muitas vezes entristeceu-me testemunhar a vergonha que as pessoas experimentam por causa do dinheiro. Em conversas com meus clientes, descobri que

[2]NEEDLEMAN, Jacob. *Money and the Meaning of Life.* Nova York: Doubleday, 1991, p. 206.

grande parte dessa nossa vergonha pelo dinheiro advém de sentirmos que não o manejamos bem, que somos "ruins" com dinheiro. Cada um de nós precisa reexaminar cuidadosamente que caminho está sendo tomado na direção da realização pessoal. Realização pessoal não se trata de encher sua vida com bens materiais. Sim, sei que a emoção de gastar dinheiro pode ser comparada a ganhar uma viagem para a Disneylândia. Mas, quando o passeio termina, terminou. Isso é prazer e não realização, e se esgota. Esta abordagem de "prazer imediato" nunca irá nos curar; ela meramente mascara nosso desejo mais profundo por um sentido na vida.

Buscando um sentido no mundo materialista

Quando eu tinha 29 anos, não muito tempo depois do meu divórcio, comecei a experimentar uma estranha sensação de inquietude. Embora meu casamento tivesse fracassado, eu iniciara um novo relacionamento, que era amoroso e satisfatório. Meus negócios começavam a deslanchar.

Eu estava ganhando mais dinheiro do quc nunca. Estava no comando do meu próprio destino, e ainda assim me sentia estranhamente desligada da minha vida. Lembro-me de dizer a mim mesma: "Ok, você fez tudo isso, e agora?"

Então, certo dia, enquanto eu dirigia para o trabalho, subitamente virei numa esquina e encontrei-me parada no estacionamento de uma revendedora de veículos Porsche. Eu nunca nem mesmo havia pensado em comprar um Porsche. Atônita, fiquei sentada por algum tempo em meu velho, mas perfeitamente bom, Mercedes-Benz, perguntando-me: "Que diabos estou fazendo aqui?" Eu realmente não sabia. Finalmente, um vendedor aproximou-se do meu carro e perguntou se poderia ajudar. Encarei-o direto nos olhos e falei: "Sim, eu vim comprar um Porsche, mas tem de ser rápido porque preciso voltar ao escritório." Ele deu uma risadinha, mas disse que faria o possível para que eu não me atrasasse.

Duas horas depois, saí da concessionária dirigindo um Porsche cupê 944, azul-escuro e novinho em folha, totalmente equipado. Na verdade, eu não podia dar-me a esse luxo, mas aconteceu que o vendedor era justamente o proprietário da loja. Depois de conversar comigo, ele achou que o carro era exatamente o que eu precisava. Assim, vendeu-me em consignação, dizendo que, se eu atrasasse em um pagamento que fosse, ele iria buscá-lo de volta pessoalmente.

Como saber o que é real em sua vida

Por algum tempo aquele carro proporcionou-me muito prazer. Eu me sentia bem-sucedida. As pessoas achavam que eu era bem-sucedida. Algumas até pensavam que eu fosse rica. Foi uma experiência esclarecedora. Eu era a mesma pessoa de sempre. Eu apenas havia comprado um carro esporte caro, um símbolo de *status* (e normalmente usado pelos homens), e isso mudara minha vida. Eu era notada e tratada de maneira diferente, nem sempre para o melhor. As pessoas tinham inveja, e várias vezes meu carro foi atacado por um bando de vândalos. Uma vez alguém expressou seus sentimentos a respeito do carro escrevendo nas laterais com uma chave. Também comecei a atrair pessoas mais materialistas do que eu poderia aceitar. Na verdade, o Porsche nunca teve muita importância para mim. Era um brinquedo divertido, mas eu não me identificava com ele. O fato de comprá-lo não curou minha inquietação. Motivou-me a trabalhar ainda mais, a fim de manter os pagamentos em dia.

Minha experiência com aquele carro obrigou-me a olhar mais de perto para o que eu valorizava. Eu tinha tudo o que sempre quisera. Meu problema era que eu não acreditava que isso fosse real. Subconscientemente, eu procurava por algum meio externo para tornar meu sucesso mais tangível, e usei o carro como uma prova disso. Não funcionou. Foi necessário uma boa terapeuta e empreender meu próprio trabalho espiritual para que eu finalmente aprendesse o que era real.

O que aprendi, e espero dividir com você, é que somente uma coisa é real: a conexão com o Espírito, seja lá como for que você o defina, e sua fé nesse Espírito. Não existe outra segurança. Sem esta conexão, jamais sentiremos que somos amados o bastante, que temos o bastante, que somos o bastante. Sem esta fé, não conheceremos a realização verdadeira, não importa quanto dinheiro possuímos ou com quantas coisas tentamos preencher nossa vida.

Compreendendo a energia do dinheiro

Não me entendam mal. Não estou dizendo que o dinheiro é ruim, porque não é. Eu gosto de dinheiro; apenas não sou ligada a ele. É somente algo que possui um bocado de energia. Se você usá-la conscientemente, a energia do dinheiro poderá realizar qualquer coisa que você queira em sua vida. E, inversamente, quando você usa a energia de maneira inconsciente, ela pode atrair coisas que não se pode antecipar ou desejar.

Levei muito tempo para compreender isso. Não é um acidente que eu tenha escrito este livro, ou que a Terapia da Riqueza seja minha doutrina. Passei grande parte da vida aprendendo sobre o dinheiro. E corri atrás dele, ganhei-o, casei-me com ele, amei-o e odiei-o. Experimentei a alegria de ter muito e a agonia de perdê-lo. Em poucas palavras, o jogo do dinheiro pode ser bastante dispendioso. É o jogo definitivo da "verdade ou conseqüência", no qual aprendemos que sem a verdade somos condenados a viver na sombra da autofrustração latente, com conseqüências desconhecidas.

Por que perdemos no jogo do dinheiro

Quando se trata de dinheiro, a maioria das pessoas deixa-se levar pelo imaginário, em oposição à vida real. Imaginamos como será nossa vida quando formos "ricos". Imaginamos os grandes feitos que realizaremos, a diferença que faremos. Imaginamos o que poderemos ter, comprar ou nos tornar. Mensuramos a possibilidade da nossa grandeza de acordo com o tamanho da riqueza que nos será concedida. Estamos fantasiando, em vez de viver e nos transformar naquilo que desejamos. Nesse processo, tornamo-nos desconectados do nosso poder inato de manifestar nossa própria realidade.

Nós entregamos nosso poder ao dinheiro. De fato, estamos dizendo a nós mesmos: "Não posso fazer isso sozinho, é difícil demais, estou muito cansado. Aqui, faça você por mim." Se o dinheiro aparece em nossa vida, podemos ser e ter o que imaginamos. Se não aparece, então não podemos. Vivendo desta maneira, não precisamos ser responsáveis pelo que nos acontece. Afinal, não estamos encarregados do nosso dinheiro. Ele não apareceu e, portanto, muito pouco do que sonhamos aconteceu.

No outro extremo do espectro do dinheiro, encontra-se um tipo diferente de jogador. Esses jogadores já "chegaram lá" e são considerados, pela maioria dos padrões, "ricos". Não importa se eles conquistaram o dinheiro com seu trabalho, se ganharam, herdaram ou roubaram-no: o resultado é o mesmo. Achamos que os fins – muito dinheiro – justificam os meios. Muitos de acreditam que o dinheiro comprará liberdade e opções ilimitadas. Isso não é verdade. Pela minha experiência, as pessoas com dinheiro sofrem tanto quanto aquelas que não têm; é apenas um tipo diferente de sofrimento, como está evidenciado pelas hordas de novos-ricos do Vale do Silício, que recorrem aos terapeutas para tratar suas "síndromes de riqueza súbita".

Ter toda a liberdade e opções do mundo pode ser uma carga terrível, até mesmo para a pessoa mais bem ajustada, e isso é ainda mais verdadeiro se você não possui seus princípios muito bem fundamentados. A riqueza não faz com que os problemas pessoais ou psicológicos desapareçam subitamente. Ao contrário, na maioria das vezes ela os aumenta ainda mais. Possuir tanto poder pode trabalhar contra você – ou contra as pessoas em sua vida – se você não for cuidadoso na maneira de usá-lo. Infelizmente, levando em conta o fato de que muitos de nós ainda carregam uma boa quantidade de bagagem não-resolvida, ter dinheiro apenas aumenta a nossa carga. Não é como se você pudesse simplesmente sair e comprar um novo conjunto de bagagem vazia. Temos de continuar carregando as velharias por onde vamos. Só que, agora, a bagagem está mais pesada. Há dinheiro nela, muito dinheiro.

As pessoas ricas jogam o jogo do dinheiro de maneiras diferentes. Elas não precisam imaginar sua vida, como os outros fazem. Em vez disso, sentem uma necessidade de fazer algo com sua vida e com todo aquele dinheiro. Elas têm de cuidar dele, investi-lo com inteligência, doá-lo às causas "certas", decidir como gastá-lo e acumular ainda mais. Esse processo gera uma tremenda cautela; nunca se é cuidadoso demais quando se tem dinheiro. Você precisa ficar sempre atento, pois, de repente, é difícil saber em quem se pode confiar. Mesmo J. Paul Getty, um dos homens mais ricos do mundo, disse certa vez: "Descobri que todo esse dinheiro é uma carga considerável."

As pessoas com dinheiro geralmente se sentem culpadas e não merecedoras. Ter dinheiro muitas vezes causa problemas de relacionamento, sobretudo quando uma pessoa tem bem mais do que a outra. As pessoas com dinheiro quase sempre têm dificuldades em confiar e estabelecer intimidade; em geral são invejadas pelos amigos mais próximos e pelos familiares, e são perseguidas pela ganância de outros. Observar essa cautela e essa dificuldade para relacionamentos mais íntimos em meus clientes levou-me a concluir que é impossível ser verdadeiramente livre, se você está constantemente sentindo a necessidade de ser resguardado e acha difícil saber em quem pode confiar. Em conseqüência, a riqueza sem a consciência é apenas outro estado de pobreza. Esse tipo de pobreza é freqüentemente negligenciado, porque é invisível em seu exterior. Se pudéssemos enxergar o interior dessas pessoas, no entanto, veríamos tanto medo e solidão quanto os que existem em qualquer estado de pobreza, só que raramente temos simpatia pelos ricos.

Uma nova maneira de vencer no jogo do dinheiro

Nós nos condicionamos a perder no jogo do dinheiro. Felizmente, podemos aprender a jogar de maneira diferente. Este livro irá lhe oferecer algumas novas estratégias para o sucesso que podem levá-lo a uma maior abundância e a um senso de realização – o tipo de realização que vem de dentro. O processo da Terapia da Riqueza irá ajudá-lo a descobrir sua própria verdade a respeito do dinheiro e do significado dele em sua vida. Uma parte desse processo é observar como chegamos ao ponto onde estamos, tanto pessoal quanto historicamente, e depois explorar maneiras de seguir para além deste ponto.

Os oito tipos de relação com o dinheiro, descritos no capítulo 3, podem se tornar um guia para a descoberta do impacto das suas experiências passadas com o dinheiro, e com isso modificar sua abordagem no futuro. Você aprenderá a identificar as crenças inconscientes e os padrões de comportamento que possam ser obstáculos a que você receba tudo o que lhe está disponível. Reconhecer seu tipo de relação com o dinheiro é a chave para entender o significado por trás do motivo pelo qual você se esconde e do que está realmente buscando.

À medida que você avança neste livro e realiza os exercícios, começa a "descascar" as camadas do seu inconsciente. Conforme você se torna mais consciente de como jogar o jogo do dinheiro, pode começar a identificar os obstáculos em seu caminho e descobrir formas de fazer mudanças significativas. É apenas por meio do aumento da sua percepção que você pode modificar seu relacionamento com o dinheiro e começar a jogar o jogo do dinheiro de maneira diferente. Está na hora de criar suas próprias regras, baseado em sua própria verdade. Quando fizer isso, você terá recuperado seu poder e começará a criar o mundo que realmente deseja.

Precisamos parar de entregar nosso poder e aprender que a fonte do dinheiro, e de todas as coisas, existe dentro de cada um de nós. A maneira mais efetiva e poderosa de penetrar nessa fonte é por meio da nossa conexão diária com o Espírito. No decorrer deste livro, você será solicitado a olhar para dentro de si mesmo, a descobrir sua própria fonte. Aprenderá a utilizar o poder dentro de você. Atingindo este ponto, você terá a chave para manifestar sua própria realidade – incluindo o dinheiro.

EXERCÍCIO

Imaginando em grande escala

A intenção deste exercício é ajudá-lo a tornar-se lúcido acerca dos seus verdadeiros valores. Irá auxiliá-lo a definir o que ter dinheiro realmente significa para você. Fornecerá uma nova estrutura para entender o relacionamento entre seu dinheiro e sua vida. É sempre importante lembrar o que você está verdadeiramente buscando. Quando aquilo que busca está fundamentado em sua própria verdade, você é infinitamente poderoso em sua capacidade de transformar sua realidade.

Você acabou de saber que ganhou na loteria. Toda sua vida, como você a conhece, está prestes a mudar para sempre. Complete o exercício que se segue, respondendo às perguntas com toda a sinceridade.

Sugiro que comece a usar seu diário de Terapia da Riqueza com este exercício. O processo de registrar suas respostas num diário irá ajudá-lo a acompanhar seu progresso e lhe fornecerá um valioso insight sobre si mesmo.

1. Qual é o valor do seu bilhete de loteria?
2. Como você se sente tendo todo esse dinheiro?
3. Quanto dinheiro você planeja usar consigo mesmo por mês?
4. De que maneira (ou maneiras) sua qualidade de vida será afetada?
5. Você tem quaisquer temores sobre como você ou sua vida podem ser modificados por esse dinheiro?
6. Se pudesse escolher, você iria preferir que as pessoas soubessem ou não da sua fortuna recém-adquirida?

7. O que você vai fazer com o dinheiro? Elabore um plano específico. Escreva-o passo a passo.
8. Que aspectos do seu plano são essenciais para sua felicidade?

Escreva esses aspectos do plano numa folha de papel separada. Leve-a consigo, em sua bolsa ou carteira. Leia todos os dias o que escreveu. Medite ou reze, pedindo proteção para que consiga realizar seus desejos. Acredite neles de forma que você possa tornar-se o que deseja.

Capítulo 2 | Jogos antigos

O conhecimento das origens universais constrói
a ponte entre o mundo perdido e abandonado do passado e
o ainda amplamente inconcebível mundo do futuro.
Como podemos tirar proveito do futuro, como
assimilá-lo, a não ser que estejamos de posse da
experiência humana que o passado nos legou?

– Carl Jung, *The Gifted Child*, 1943.

Para explorar nosso relacionamento histórico com o dinheiro, tanto pelas influências do passado distante quanto pelas nossas próprias experiências, é essencial compreender e modificar nosso relacionamento com ele. A História tem desempenhado um papel significativo na formação de padrões inconscientes e crenças que moldam nossa vida e nossas decisões. Carl Jung, o fundador da psicologia analítica, ajudou-nos a compreender que toda a experiência humana está arquivada no "inconsciente coletivo" e é manifestada em nossa vida por meio dos arquétipos. Jung acreditava que os arquétipos eram padrões inconscientes, coletivamente herdados, de pensamentos, idéias e imagens que existem em nossa psique individual. Esses arquétipos, e o inconsciente coletivo, afetam nossos atos, motivos e comportamentos.

Hoje em dia, o relacionamento que temos com o dinheiro é mais abrangente do que apenas nossa experiência pessoal. Ele também inclui uma outra camada de realidade que antedata nossa vida individual. Embora essa realidade permaneça como um mistério inconsciente para a maioria de nós, ainda assim somos afetados por ela. À medida que você ergue o véu entre o inconsciente coletivo e a sua realidade consciente, compreende e modifica seu relacionamento com o dinheiro e o significado dele em sua vida. Para simplificar esse conceito, imagine que você seja um computador com duas databases separadas. Uma destas databases já estava guardada em seu disco rígido quando você nasceu e representa o inconsciente coletivo. A outra database consiste nas experiências de vida que você teve desde o nascimento até este minuto; ela guarda sua história consciente e inconsciente.

Uma das coisas que nos separam dos outros seres vivos e nos torna humanos é a capacidade de sermos conscientes e, por meio dessa consciência, modificarmos nossa realidade. Com a orientação oferecida neste capítulo, você será capaz de recuperar as informações que estão arquivadas em seu inconsciente e explorar a importância delas em sua vida atual. No entanto, antes que possamos modificar para onde vamos, primeiro devemos entender onde estivemos. Embora sejamos impotentes para reescrever a História, somos infinitamente poderosos, a partir do conhecimento e da criatividade, para reinventar o futuro.

O dinheiro tem nos preocupado e influenciado nossos atos durante séculos. Por mais de 3 mil anos, o dinheiro tem sido representado de muitas formas, desde conchas, grãos de cacau e lascas de pedra até variadas moedas de ouro e prata estampadas com imagens de deuses e líderes. Ainda assim, apesar da sua longa história, o dinheiro permanece como um assunto que não é ensinado, nem totalmente compreendido. Se o propósito da História é entender de onde viemos a fim de que possamos aplicar essas lições ao futuro, causa estranheza que o dinheiro, como um tópico da História, tenha sido praticamente varrido para baixo do tapete. Será que decidimos desconsiderar a história do dinheiro por medo de encará-lo? Ou será que nossas tentativas de compreendê-lo, ou quando muito explicá-lo, simplesmente fracassaram? Não importa quais sejam os motivos para esse desprezo, fica muito claro que devemos desenvolver uma compreensão básica da nossa experiência histórica se quisermos modificar nossa consciência coletiva e individual a respeito do dinheiro.

Uma breve história do dinheiro

Da mesma forma que houve épocas de grande prosperidade econômica, quando civilizações atingiam patamares sem precedentes, também houve períodos em que o dinheiro e seu uso desapareceram completamente por centenas de anos. Por repetidas vezes, o dinheiro sumiu e depois ressurgiu, durante as contínuas tentativas da humanidade de controlar financeiramente nosso destino e o do mundo.

Desde os primórdios da História, os seres humanos trocavam bens e serviços como um meio de sobrevivência. Mercadorias como alimentos, animais, peles, tabaco e até mesmo pessoas, sob a forma de escravos, eram trocadas por bens e serviços de outros. Essa troca de uma coisa por outra, no entanto, possuía uma energia diferente da troca de dinheiro por bens. O comércio primitivo criou as comunidades por necessidade. As pessoas tinham pouca escolha, a não ser contar umas com as outras para as necessidades básicas e a sobrevivência. O dinheiro alterou essa realidade e modificou a experiência humana de maneiras que eram inconcebíveis antes de sua invenção. À medida que as pessoas passavam a confiar cada vez menos umas nas outras, a experiência da comunidade acabou diminuindo, embora ainda ansiemos por ela. Uma vez que o uso do dinheiro alastrou-se, as necessidades e desejos dos seres humanos mudaram drasticamente, e têm se tornado cada vez mais complexos e desafiadores desde então.

O nascimento do dinheiro

Embora o uso do dinheiro sob a forma de barras de ouro e prata (que os antigos hebreus chamavam de *shekels*) remonte ao terceiro milênio a.C., na Mesopotâmia, os metais preciosos eram escassos demais para que qualquer comércio ou economia mais difundida fosse possível. O verdadeiro nascimento do dinheiro, transformando o curso da História da humanidade, deu-se entre 560 e 546 a.C., quando Creso, o rei de Lídia, começou a produzir as primeiras moedas padronizadas de ouro e prata com o propósito de comércio. Esse novo meio de troca deu origem ao primeiro mercado de varejo, fornecendo às pessoas um acesso muito maior aos bens e serviços do que tinham antes. Conforme aumentavam o dinheiro, os bens e o comércio, o mesmo acontecia com o desejo humano por mais. É interessante notar que os lídios não apenas inventaram a moeda, mas também os dados, criando um relacionamento entre dinheiro e jogo que persiste até hoje.

Em seus esforços para conquistar outros reinos, e devido ao notável consumismo generalizado, num período de tempo relativamente curto a riqueza criada por Creso estava toda dissipada. Embora o Império Lídio caísse, o legado do dinheiro que os lídios deixaram moldaria o mundo de um modo que ninguém poderia imaginar.

Como vizinhos da Lídia, os gregos estavam cientes do sucesso dos lídios com moedas e comércio. Por coincidência, os gregos também tinham acabado de descobrir minas de prata nas proximidades de Atenas. Não demorou muito para que começassem a cunhar moedas de prata, e a Grécia tornou-se o centro de comércio no oriente do Mediterrâneo. À medida que o comércio crescia, trazia consigo uma imensa fonte de riqueza.

O dinheiro não modificou apenas a maneira como os negócios eram conduzidos na Grécia, mas o relacionamento entre as pessoas e o dinheiro. Juntamente com a mudança da estrutura social grega, o uso difundido do dinheiro também expandiu os laços da Grécia para o mundo exterior. Como resultado, os relacionamentos, que antes eram baseados em conexões estabelecidas e sobrevivência, já não uniam mais as pessoas. Enquanto transformava os relacionamentos entre as pessoas e o mundo que as rodeava, o dinheiro também modificou seus valores e crenças. Conforme a riqueza aumentava, as pessoas começavam a ter mais tempo para o lazer e a buscar novas formas de expressões artísticas e intelectuais. Pela primeira vez, devido à influência do dinheiro, o potencial criativo humano pôde ser alçado a novas alturas. Na Grécia antiga, o dinheiro deu origem à transformação intelectual, artística e espiritual.

Dinheiro e ganância: os primeiros sinais de alerta

As notícias sobre o dinheiro em moeda chegaram até Roma. Sem perda de tempo, os romanos começaram a cunhar suas próprias moedas e a construir a primeira civilização do mundo centrada no dinheiro. Embora os gregos usassem o dinheiro, os romanos criaram o primeiro mercado global e foram a primeira sociedade orientada para o consumo. Rápidos em descobrir como o dinheiro poderia comprar-lhes quase qualquer coisa, os romanos entregaram-se a uma "farra" de gastos que, no final, acabaria destruindo-os. (A expressão "comprar até cair" provavelmente foi usada pela primeira vez naquela época!) Em vez de tornarem-se eles mesmos os produtores, os romanos dependiam quase integralmente do mundo exterior. Quando suas reservas de dinheiro diminuíam, financiavam grandes exércitos para pilhar as riquezas de outras terras. Em meio aos custos militares sempre crescentes e seu estilo de vida insaciável e extravagante, os romanos finalmente chegaram ao fundo do poço no final do século IV, com a queda de Roma.

Essa grande sociedade centrada no dinheiro conseguiu sobreviver por quase um século, apenas para ser esmagada sob o peso da sua própria ganância. Em vez de encarar suas próprias responsabilidades (como é verdadeiro em todos os vícios), os romanos culparam o dinheiro por sua extinção. A queda do Império Romano foi seguida por um período conhecido como a Idade das Trevas, e o dinheiro, o bode expiatório mais conveniente, desapareceu da Europa Ocidental por quase mil anos.

Plantando as sementes da desconfiança

No início do século XII, os europeus tinham desenvolvido uma tal desconfiança do dinheiro que nem mesmo os ricos queriam associar-se diretamente a ele. Os Cruzados solucionaram esse dilema criando uma ordem militar sagrada, conhecida como Os Cavaleiros do Templo de Salomão em Jerusalém. Os Templários, como foram chamados, eram castos e espiritualmente devotos; eram também guerreiros ferozes, munidos de espadas e votos de proteger a Terra Santa e os ricos da nobreza européia. Os Templários criaram uma poderosa instituição bancária internacional, fornecendo transações financeiras e proteção em nome dos ricos, pelas quais recebiam uma gratificação. Eram altamente reverenciados e, ao que se sabe, a confiança que recebiam era verdadeiramente merecida pelo seu compromisso e pela lealdade de seus votos.

Nessa mesma época, Filipe II, o rei da França, passava por uma escassez de fundos. Filipe, o Justo, como era conhecido, era vaidoso e cruel, e possuía um apetite insaciável. Um tirano da pior espécie. Sabendo que os Templários possuíam a maior fonte de riqueza, resolveu conquistá-la. Porque sabia o quanto os Templários eram amados, e que não poderia empreender uma guerra contra eles, embrenhou-se por um caminho de impiedosa perseguição. Acusando-os de perversões sexuais, sacrifícios humanos, sodomia e canibalismo, o rei Filipe convenceu seu povo de que os Templários tinham obtido sua riqueza por meio de um pacto com o diabo. Em conseqüência, em 1310, os Templários foram torturados em praça pública até que confessassem, e então foram queimados na fogueira. Como resultado, os cristãos perderam a Terra Santa para os muçulmanos. Essa história, bem como a história de Sodoma e Gomorra na Bíblia, tem sido interpretada como um sinal da ira de Deus pelos pecados dos homens.

Depois do desaparecimento dos Templários, a batalha entre Igreja e Estado pelo controle da fortuna começou de verdade. No período de um ano, devido a vários abusos monetários do rei, outro império financeiro entrou em colapso, e tanto o papa como o rei da França morreram, deixando mais uma impressão permanente na psique coletiva da humanidade.

A primeira corrida do ouro

Pouco tempo depois que Colombo "descobriu" as Américas, os reis da Espanha e de Portugal começaram a retirar as riquezas dos índios nativos em toda a América do Norte e do Sul. Sua busca ávida por ouro e prata gerou um grande afluxo de dinheiro em todos os confins do mundo. Esta busca desencadeou uma força que não poderia ser detida.

Entre os anos de 1500 e 1800, os espanhóis e portugueses despejaram, literalmente, toneladas de prata e ouro em circulação. Infelizmente, os reis de Espanha e Portugal não prestaram atenção nas lições dos seus vizinhos europeus. Consumiam maciçamente, e também nunca se contentavam. Tanto dinheiro inundou suas economias a ponto de dar início a uma inflação incapaz de ser contida. Havia tanto ouro e prata que os ricos exibiam-nos em tudo, desde suas construções até suas roupas, usando a riqueza como um símbolo de poder e status. Embora o dinheiro continuasse a jorrar, os reis gastavam-no mais depressa do que ele poderia ser enviado. Eventualmente, foram obrigados a tomar emprestado de outros governos, que não hesitaram em lhes cobrar um elevado ágio pelos seus estilos de vida dispendiosos. Jack Weatherford descreve melhor a força do dinheiro criada durante essa época, em seu livro *A história do dinheiro*:

> Ao conquistar a América, a Espanha abriu uma fonte de fornecimento que despejou uma torrente de prata na economia mundial, mas foi incapaz de controlar este fluxo. Nem o imperador chinês, nem o sultão otomano, nem o xá da Pérsia ou o tzar da Rússia provaram ser mais competentes em canalizá-lo ou controlá-lo do que os reis espanhóis. A Espanha desencadeou um poder que percorreu todo o globo e operou com uma força toda própria, independente da Igreja e do Estado. A riqueza da América atacou às cegas, e a partir daí o mundo nunca mais seria o mesmo.[3]

A última fronteira: o dinheiro na América

Embora o papel-moeda tenha sido inventado pelos chineses no século I a.C., o seu uso difundido ocorreu primeiro nos Estados Unidos, por Benjamin Franklin, que previu nitidamente a função que a moeda

[3]WEATHERFORD, Jack. *A história do dinheiro.* Rio de Janeiro: Campus, 2005.

desempenharia na vida econômica moderna. Benjamin Franklin foi um homem profundamente espiritualizado que valorizava as idéias acima do dinheiro, e um firme defensor do trabalho duro e consumo moderado. (Se ele pudesse nos ver agora!) No final da Revolução Americana, que foi em grande parte financiada pelo papel-moeda, os Estados Unidos encontravam-se afogados em dívidas. A moeda americana tornara-se tão desvalorizada que não valia praticamente nada. Em 1780, o Congresso parou de emitir o papel-moeda. A descrença pública em relação ao papel-moeda tornou-se tão grande que ele permaneceu ausente por quase um século.

No entanto, o papel-moeda foi ressuscitado pelo primeiro Ato de Moeda Legal em 1862 e continuou a ser endossado pelo padrão-ouro até 1971. Com problemas econômicos e uma guerra que precisava ser financiada, o presidente Richard Nixon reconheceu que precisava de mais dinheiro do que aquele que poderia ser endossado pelo governo ou pelas suas reservas de ouro. Como resultado, Nixon convenceu o congresso a desvincular totalmente o dólar americano do padrão-ouro. Seguindo as pegadas de dirigentes anteriores ao longo da História, Nixon soltou as rédeas para empréstimos de bilhões de dólares a fim de financiar as necessidades do governo.

Atualmente, o dólar é uma moeda sem lastro, o que significa que é criado e legalizado pelo governo e não está baseado ou é convertível em nada. Embora o governo americano possua mais de 100 bilhões de dólares em reservas de ouro, nenhuma dessas reservas fornece qualquer segurança ao dólar americano. O dinheiro usado é sustentado por nada além da crença nele e na capacidade do governo em controlá-lo. Desde que essa moeda não foi mais amortizável em ouro, um novo papel-moeda foi impresso e a inscrição "Pagável Direto ao Portador" substituiu as palavras "Em Deus Nós Confiamos".

Assim, os líderes dos Estados Unidos criaram o primeiro sistema monetário baseado puramente na crença, e não na realidade tangível. As palavras "Em Deus Nós Confiamos" permanecem como um testemunho permanente de que nossos líderes não faziam idéia das conseqüências dessa escolha. O destino do nosso mundo e do dinheiro foi depositado nas mãos de Deus. Quer nossos líderes soubessem disso ou não, esse ato colocou-nos mais próximos da verdade sobre o dinheiro do que nunca.

O dinheiro e seu significado na atualidade

Milhares de anos e de experiências não relatadas passaram, e ainda assim a questão do dinheiro e do seu significado permanece um mistério inconsciente para a maioria de nós. Já é hora de mudarmos esse estado de coisas. Historicamente, quando o movimento do dinheiro começa a expandir-se e a tomar outras formas, a infra-estrutura financeira e social existente sempre se modifica. Hoje, a tecnologia criou a forma de dinheiro mais rápida e irreal que jamais conhecemos ou imaginamos. As riquezas produzidas no Vale do Silício desencadearam um outro afluxo poderoso de dinheiro, que está inundando o mundo todo.

O dinheiro eletrônico circula através de correntes invisíveis no mundo inteiro com um simples clicar do *mouse*. Nunca antes tanta riqueza teve a capacidade de mover-se tão rapidamente e de mudar o destino de tantas pessoas numa questão de segundos.

Criamos uma força tão poderosa e, ainda assim, falhamos em entender seu significado maior e sua relação com nossa vida. Essa falta de consciência não nos serviu bem historicamente. Se conseguimos criar a realidade do mundo que nos rodeia sem uma consciência do dinheiro, imagine o que poderíamos fazer com uma consciência do dinheiro!

A capacidade de mudar e manifestar nossa realidade move-se em relação direta com nosso nível de consciência. Se você quiser que seu relacionamento com o dinheiro mude, terá de estar disposto a olhar de frente para a maneira como chegou aonde está hoje. Conforme sua percepção aumenta, conscientemente você começa a seguir a trilha para onde deseja ir. Você perceberá seu próprio poder de manifestar qualquer coisa que desejar. Mas, primeiro, precisa empreender a jornada interior a fim de desvendar o significado mais profundo do dinheiro e o propósito dele em sua vida.

Como uma metáfora, o dinheiro representa a dualidade da nossa natureza como seres humanos. Não é por acaso que existem dois lados numa moeda e numa cédula. Um lado representa nossa habilidade individual e coletiva de controlar o mundo material. O outro, de igual importância, representa nossa capacidade de comandar a dimensão espiritual, o mundo interior. É a fonte que deixamos aberta. Até o momento em que virarmos a mesa e explorarmos a dimensão espiritual do dinheiro e a oportunidade que ele representa para o esclarecimento, o dinheiro sempre será evasivo. A busca por possuí-lo sem compreender seu verdadeiro propósito e significado apenas nos deixará nos sentindo mais confusos e não realizados. Até que compreendamos seu verdadeiro significado, permaneceremos escravizados pelo dinheiro e pelo mundo materialista. Teremos empreendido uma longa jornada apenas para chegar ao nosso destino sem nada nas mãos. A verdadeira jornada não é pelo dinheiro: é por você. É uma escavação arqueológica para o centro da verdade de quem você realmente é e quais são seus caminhos e propósitos. Quanto mais perto você chegar da verdade, mais próximo estará da fonte do fornecimento invisível, que é ilimitada e disponível a todos nós.

A nova era do dinheiro

Embora tenhamos nos tornado hábeis na manipulação e mesmo na criação de novas formas de dinheiro, ainda temos muito o que aprender. Nossa história coletiva talvez possa nos ajudar a compreender as origens inconscientes do medo e da desconfiança que permeiam nosso relacionamento com o dinheiro, mas isso representa apenas uma parte do quadro geral. Também precisamos examinar cuidadosamente e compreender nossas histórias individuais e nossas experiências pessoais com o dinheiro.

No próximo capítulo, você aprenderá sobre os diversos "tipos" de relação com o dinheiro e será capaz de identificar e explorar seu próprio tipo básico. Esses tipos de relação com o dinheiro, como os arquétipos, são baseados nos padrões subconscientes que se desenvolveram em sua própria história de vida. Algumas dessas histórias contêm padrões herdados de idéias, pensamentos e imagens que nos foram passados por meio do inconsciente coletivo. Explorando seu tipo de relação com o dinheiro, você pode aprender que papel ele tem desempenhado no drama da sua vida.

Todos temos uma história. Alguns têm histórias maiores do que outros. Alguns de nós são mais ligados às suas histórias do que outros, e mais comprometidos em manter seu papel no roteiro como parte de um legado. Outros sentem-se envergonhados ou constrangidos pelas suas histórias e ficam pouco à vontade para compartilhá-las. Seja qual for sua história e seu relacionamento com o dinheiro, ela deve ser contada para que você possa, então, testemunhá-la com objetividade e consciência. O exercício que se segue tem a intenção de ajudá-lo a explorar e observar seu relacionamento com o dinheiro no contexto de sua história pessoal. Nesse processo, você descobrirá como seu tipo de relação com o dinheiro desencadeou determinadas crenças e comportamentos.

EXERCÍCIO

Sua biografia com o dinheiro

Use seu diário para registrar as respostas às seguintes perguntas:

1. Qual é sua lembrança mais remota em relação ao dinheiro?
2. Quantos anos você tinha? Qual foi a experiência?
3. Qual foi a influência dessa experiência em você?

Agora, usando as respostas a essas perguntas como um ponto de partida, escreva sua biografia em relação ao dinheiro. Inclua todos os detalhes que puder lembrar: o que aconteceu, qual era sua idade, como você se sentiu. Quem são as "pessoas-chave" em sua biografia, e que mensagens, padrões ou comportamentos relacionados com o dinheiro você recebeu ou herdou delas?

Uma vez terminada sua biografia, faça a si mesmo as seguintes perguntas:

1. O que sua história pessoal revela acerca do seu relacionamento atual com o dinheiro?
2. Que valores, crenças ou critérios sobre o dinheiro estão relacionados às suas experiências pessoais e/ou com sua história familiar?
3. Quais desses valores, crenças ou critérios estão ativos em sua vida atual?
4. Eles estão trabalhando a favor ou contra você?
5. Este é o lugar em que você deseja estar, em relação ao dinheiro? Se não, onde gostaria de estar?

Capítulo 3

Os oito tipos de relação com o dinheiro

São nossos pensamentos e atos menos conscientes
que mais essencialmente moldam nossa vida
e a vida daqueles que se originam de nós.

– Samuel Butler, *The Way of All Flesh*, 1903.

Creio que seja seguro dizer que a maioria das pessoas guarda problemas não resolvidos de dinheiro. Esses sentimentos ou experiências não resolvidos, por sua vez, criam padrões de comportamento que freqüentemente levam a limitações e frustrações. Olhar além da superfície do dinheiro para considerar como você toma suas decisões financeiras poderá ser um dos melhores passos que dará na direção de melhorar o relacionamento com o dinheiro. A Terapia da Riqueza pode ajudá-lo a explorar a vida interior do dinheiro. Pode lhe fornecer uma base para desvendar suas motivações e comportamentos inconscientes relacionados com o dinheiro.

Em meu trabalho, descobri que existem oito formas básicas às quais as pessoas reagem e lidam com o dinheiro. Esses tipos representam oito padrões que as pessoas seguem e, compreendendo seu tipo, você descobrirá os motivos ocultos atrás dos conflitos anteriores ou dos problemas que tem com o dinheiro. Este se torna o primeiro passo para alcançar seus objetivos financeiros pessoais. Descoberto o seu tipo, você poderá utilizar a Terapia da Riqueza para trabalhar no sentido de tornar-se um Mago do dinheiro, o oitavo tipo, aquele que todos nós desejamos ser.

Muitas pessoas fazem extensos planejamentos financeiros, apenas para cometer sempre os mesmos erros ou, no final, nunca implementar plano algum. Aqueles clientes que estão dispostos a explorar a vida interior do dinheiro provavelmente atingirão seus objetivos financeiros. Eles tomam decisões financeiras com mais facilidade e têm mais sucesso ao lidar com o dinheiro e realizar seus sonhos. Existe uma conexão direta entre ter um relacionamento mais saudável e consciente com o dinheiro e alcançar a prosperidade.

São necessários tempo e paciência para aprender a se tornar um Mago do dinheiro. O primeiro passo é olhar para dentro de si mesmo, buscando as respostas. Você precisa saber por que quer ser um Mago do dinheiro, antes de poder tornar-se um. Como tenho observado as pessoas no decorrer dos anos, percebi que existem oito maneiras básicas com as quais elas se relacionam com o dinheiro. Os oito tipos de relação com o dinheiro são padrões de comportamentos repetidos que residem em seu inconsciente. Descobrindo e avaliando seu tipo pessoal, você pode iniciar uma espécie diferente de educação financeira que lhe seja específica, uma que está quase ausente no mundo financeiro atual. A Terapia da Riqueza lhe fornecerá a base em que cada resposta individual e cada "quadro" resultante se encaixam de acordo com os seus próprios antecedentes, crenças e experiências. Fazendo esse trabalho, você estará mais bem preparado para atingir os seus objetivos de longo prazo.

Os oito tipos de relação com o dinheiro

A maioria das pessoas se encaixa em um ou mais desses oito tipos. Muito semelhante aos arquétipos junguianos, ou ao Eneagrama que define os diferentes tipos de personalidades, esse sistema oferece uma maneira simples de identificar e avaliar seu relacionamento com o dinheiro. Com essa compreensão, você aprenderá a fazer escolhas conscientes e, como resultado, a dinâmica do dinheiro em ação na sua vida diária melhorará.

Neste livro, refiro-me aos oito tipos básicos de relação com o dinheiro como os "jogadores" no jogo do dinheiro. Embora possamos ter sucesso em muitas áreas de nossa vida, quando se encontram de frente com decisões financeiras, mudanças ou crises, muitas pessoas retornam à abordagem emocional e ineficiente para tomar decisões que envolvem dinheiro. Começando a entender seus sentimentos inconscientes fundamentais e crenças a respeito do dinheiro, você estará mais bem preparado e mais consciente dos padrões e dos problemas à medida que eles vierem à tona em sua vida. Seguem-se aqui as descrições dos oito tipos de relação com o dinheiro.

O Inocente

O Inocente usa a abordagem do avestruz em questões de dinheiro, e freqüentemente vive em negação, enterrando a cabeça na areia para não ver o que acontece à sua volta. É facilmente influenciado pelas informações financeiras e confia plenamente nos conselhos e opiniões alheias. Ele talvez seja o mais confiante de todos os tipos, pois não vê as pessoas ou situações como realmente são. Assemelha-se muito a uma criança, que ainda não aprendeu a julgar ou discernir os motivos e comportamentos dos outros. Embora essa característica possa ser bastante cativante, é também muito precária para um adulto que tenta enfrentar o mundo real. Nós começamos a nossa jornada na vida como Inocentes. No entanto, conforme crescemos e nos desenvolvemos, o véu da inocência é retirado e substituído por nossa experiência com o mundo exterior.

Características do tipo Inocente

- É confiante
- Financeiramente dependente
- É indeciso
- É despreocupado e otimista (por fora)
- Temeroso e ansioso (por dentro)
- Reprime sentimentos e convicções
- Evita confrontos
- Sente-se incapaz
- Busca segurança

O objetivo do Inocente é a segurança a qualquer custo. Seu medo primordial é do abandono. Encontrei muito mais mulheres do que homens do tipo Inocente, embora ambos existam. O fato de que tantas mulheres sejam Inocentes provavelmente é devido à maneira como foram educadas para serem pouco assertivas e dependentes. O Inocente quase sempre é romanticamente ligado aos tipos Tirânico ou Guerreiro, que se fortalecem ao resgatar o Inocente.

A lição para o Inocente é reivindicar seus próprios poderes e aprender a encontrar segurança no conhecimento de suas próprias capacidades. Permitindo-se experimentar a independência, seu medo do abandono irá dissipar-se, bem como sua inocência. Com o tempo, ele se tornará plenamente capaz de experimentar o próprio poder. O Inocente é como a Dorothy de *O Mágico de Oz*. Precisa aprender que nem mesmo o Mágico será capaz de levá-la para casa: ela deve descobrir o poder no interior de si mesma. Uma vez que consegue, poderá encontrar seu caminho em qualquer lugar.

A Vítima

A Vítima tem a propensão de viver no passado e jogar a culpa por seus infortúnios financeiros em fatores externos. Passivo-agressiva (propensa a expressar seus sentimentos de maneira passiva, em vez de transformá-los em ações diretas) por natureza, a Vítima freqüentemente pode ser confundida com o Inocente, pois mostra-se indefesa e parece querer que outras pessoas cuidem dela. No entanto, essa aparência geralmente é uma manobra, consciente ou inconsciente, para conseguir que os outros façam o que ela se recusa a fazer por si mesma. A Vítima muitas vezes tem uma ladainha de desculpas para o fato de não ser mais bem-sucedida, e todas estão baseadas em sua mitificação histórica. Isso não quer dizer que a Vítima não tenha realmente passado por maus momentos. Com muita freqüência, a Vítima sofreu abusos ou grandes perdas, ou foi traída. O problema é que nunca trabalhou o sofrimento de forma adequada, e, portanto, ele tornou-se parte dela. A Vítima está sempre procurando alguém que a proteja e salve, porque acredita que já sofreu o bastante. Carrega consigo um senso de merecimento:

"Eu já sofri demais, vejam as minhas cicatrizes de guerra, onde está minha recompensa?"

Características do tipo Vítima	
	Propensão a culpar os outros
	Altamente emocional (melancólico ou raivoso)
	Vive no passado
	Financeiramente irresponsável
	Espera ser socorrido
	Ressentido
	Não perdoa
	Propenso a vícios
	Vive uma profecia auto-realizadora
	Sente-se indefeso

A fim de modificar seu paradigma, a Vítima deve aprender a entender e curar suas feridas do passado. Dentre todos os tipos de relação com o dinheiro com quem já trabalhei, o tipo Vítima é aquele que mais agarra-se à chave que poderia abrir a porta para seu potencial. É como se, em algum ponto, a Vítima tenha decidido que sua história passada foi muito mais interessante e excitante do que qualquer futuro que possa ter. Como resultado, forma um elo profundo com o drama de seu passado. Afinal, quando você é o ator principal, o produtor e o diretor da novela da sua própria vida, pode ser bastante difícil desvincular-se desses papéis. E pode ser arriscado: talvez nunca mais consiga um papel como esses novamente.

O medo primordial da Vítima é ser traída. Ironicamente, o que ela não percebe é que quase sempre trai si mesma. A transformação espiritual para a Vítima acontece quando ela se torna capaz de ver como o fato de usar suas experiências passadas pode funcionar como uma ferramenta poderosa e um catalisador para a mudança. Quando a Vítima empreende a jornada ao interior de si mesma e cura as feridas do passado, está preparada para seguir plenamente com sua vida. Até que isso aconteça, não estará realmente vivendo no presente e tem poucas promessas para o futuro. Estará apenas vivenciado as reprises, o que inevitavelmente se torna bastante monótono, não importa quão boa a história tenha sido. Retirar-se desse drama é extremamente difícil para a Vítima. Em geral, por ter sofrido muito, quando se torna esclarecida demonstra uma grande capacidade para a compaixão, o amor e a compreensão, qualidades essenciais para se tornar um grande Mago.

Um dos casos de transformação mais dramáticos que já testemunhei envolvia minha cliente Janet, que era uma Vítima clássica. Ela procurou-me querendo "resolver sua vida financeira". Era muito inteligente, tinha um bom emprego e, ainda assim, estava constantemente em dificuldades financeiras. Quando conversamos a respeito da sua infância e das suas experiências de família em relação ao dinheiro, ficou claro que ela estava repetindo um antigo padrão. Sua família era de classe média baixa e havia enfrentado dificuldades durante toda a vida. Janet sentia que a falta de dinheiro da família e sua incapacidade de sustentá-la financeiramente impediu-a de realizar o sonho que sempre tivera: ser advogada. Ela conseguiu completar uma parte dos estudos trabalhando, mas isso foi tudo. Quando o pai morreu, ela achou que precisava trabalhar para ajudar a mãe, que ainda tinha dois filhos pequenos. Como resultado, Janet sentiu-se traída e abandonada. Queixava-se de sempre ter feito tudo sozinha e de não ser capaz de confiar em ninguém. Emocionalmente, era uma pessoa muito raivosa e ressentida com as outras pessoas de sua vida. Financeiramente, afundara em dívidas pesadas, atrasara o pagamento das contas e era atormentada pelos credores. Havia se casado duas vezes e sentia que nenhum de seus dois maridos de fato cuidara dela. Eu lhe disse que poderia ajudá-la somente se ela concordasse em fazer uma terapia, porque, do contrário, ela acabaria voltando para o mesmo barco. Cansada das circunstâncias em que se encontrava, ela concordou.

Um ano mais tarde, e depois de muito trabalho, a vida de Janet mudou completamente. Na terapia ela aprendeu a direcionar sua raiva e os sentimentos de ter sido traída, e começou a ver como esses sentimentos impediam-na de aceitar a responsabilidade por si mesma. Ela estivera tocando a mesma fita em sua cabeça por tanto tempo que acabou se transformando em seu mantra: "Se eu tivesse nascido rica, se meus pais tivessem me ajudado mais, se os homens da minha vida realmente tivessem me amado..." Quando iniciamos a Terapia da Riqueza, Janet começou a integrar o que ela aprendera na terapia com a maneira como a dinâmica da Vítima se manifestava em sua vida financeira. O que ela aprendeu foi que havia investido excessivamente em seu insucesso financeiro. Sua falta de sucesso era a prova de como se furtara das oportunidades da vida. Seus sentimentos de traição eram tão profundos que ela os exibia como uma medalha de honra. O estado de seus assuntos financeiros era um símbolo de tudo o que lhe havia sido negado. Conforme sua percepção aumentava, ela começou a despertar e a aceitar as responsabilidades. A jovem que um dia tivera grandes sonhos e conseguira custear parte dos estudos era inteligente, forte e capaz.

Uma vez que conseguimos superar nossa raiva e ressentimento, conquistamos a luz e a verdade do que somos. Nossa essência é quem somos, e não o que aconteceu conosco. Mas primeiro precisamos ver, antes de ser. Janet não se tornou uma advogada e percebeu, mais tarde, que ser advogada não era de fato seu destino. No entanto, tornou-se uma consultora pessoal muito bem remunerada que ajuda tanto as empresas quanto as pessoas a atingir seus objetivos por meio do reconhecimento dos seus obstáculos. Ela serve como um ótimo exemplo de Mago do dinheiro, pois se propõe não apenas a ensinar o que a transformou, mas também a transformar esse esclarecimento em dinheiro, a manifestação física do ensinamento.

O Guerreiro

O Guerreiro está determinado a conquistar todo o mundo do dinheiro e, geralmente, é visto como bem-sucedido nos negócios e nas finanças. Os Guerreiros são investidores competentes – focalizados, decididos e no controle. Embora os Guerreiros dêem ouvidos a conselhos, tomam as próprias decisões e confiam nos próprios instintos e recursos para guiá-los.

Os Guerreiros muitas vezes têm dificuldades para reconhecer a diferença entre o que parece ser um adversário e um oponente valioso. Um oponente valioso deveria ser encarado como uma oportunidade de baixar a guarda e reconhecer o potencial para crescimento e transformação que está sendo oferecido de maneira disfarçada. Oponentes valiosos são mais facilmente reconhecidos como as pessoas com quem você tem os maiores conflitos. Quando estamos dispostos a recuar e reconhecer as lições e a verdade que essa pessoa tem a nos ensinar, mesmo quando disfarçadas sob a forma de conflitos, sua presença vale nossa atenção. Quando reconhecemos no conflito uma oportunidade para o crescimento, nosso “oponente” nos prestou um serviço. O mundo está repleto de Guerreiros, que vão desde aqueles que desfrutam do prazer dos negócios e da habilidosa arte de negociar, até aqueles cuja única intenção é simplesmente vencer a qualquer custo.

Os principais temores no coração de um Guerreiro são a dependência e a perda do poder. A jornada espiritual dos Guerreiros, financeiramente falando, é entender o que estão realmente buscando proteger ou conquistar, e para estabelecer fronteiras em torno do que é de fato importante para eles.

Características do tipo Guerreiro	
	Poderoso
	Confiante
	Determinado
	Calculista
	Leal
	Generoso
	Competitivo
	Salvador
	Disciplinado
	Criterioso
	Orientado para os objetivos
	Perspicaz
	Financeiramente bem-sucedido

Isso significa saber quando é hora de pegar a espada e quando e por que baixá-la. Todos nós precisamos pouco de um saudável Guerreiro dentro de nós. É esta dimensão em nós que faz as coisas acontecerem. A pergunta é: a que custo? Um Guerreiro esclarecido sabe a resposta.

Durante uma grande parte da minha vida, como criança e adulta, fui regida pelo tipo Guerreiro. As pessoas gostavam de mim porque eu era divertida, leal, protetora e digna de confiança (qualidades comuns em jovens Guerreiros). No entanto, eu era uma lutadora e reagia com ferocidade a qualquer ato de injustiça imposto a mim, ou a outras pessoas, o que criava muitos conflitos em minha vida. Lembro-me da minha irmã perguntando, certa vez: "Por que você sempre rebate? Se ao menos ficasse de boca fechada, não se meteria em tantas encrencas." Mas eu era uma líder e queria estar no controle.

Com o tempo esse comportamento começou a me isolar das pessoas e, conforme fui amadurecendo, reconheci que as intimidava, mesmo os adultos. Fazendo meu próprio trabalho, comecei a perceber que eu usava uma armadura bastante pesada e que a pessoa a quem mais tentava proteger era a mim mesma. Financeiramente, eu estava sempre esforçando-me para subir cada vez mais, e nunca pediria ajuda. Os Guerreiros não pedem ajuda porque temem que isso possa significar que sejam fracos ou necessitados. Muitas pessoas preferem evitar uma batalha verbal com um Guerreiro. Eles tendem a ser afiados, rápidos e conhecem todos seus pontos fracos.

Por volta dos meus 25 anos, dei-me conta de que estava passando por uma crise espiritual. Sendo uma leitora ávida, sempre procurei consolo num bom livro. Fui atraída pelo livro de Shatki Gawain, *Vivendo na luz,* que me abriu os olhos e me levou a procurar ajuda de uma psicóloga. Eu sabia que havia partes em mim que não enxergava claramente nem compreendia. Na minha primeira sessão, disse à terapeuta que sabia que precisava de novas práticas e de uma nova compreensão de mim mesma, antes de deixar minha história para trás e alterar o caminho do meu futuro. Juntas embarcamos numa jornada de descobrimentos que transformou minha vida para sempre.

Não apenas aprendi a baixar a espada, mas também descobri por que eu a carregava havia tanto tempo e tão próxima do meu coração. Foi uma jornada psicológica e espiritual. No outro lado realmente existe uma luz. É você, sua alma interior, que é a maneira como Deus reluz através de você.

O Mártir

Os Mártires estão tão ocupados em atender às necessidades dos outros que freqüentemente negligenciam as suas próprias. Na parte financeira, os Mártires quase sempre fazem mais pelos outros do que por si mesmos. Geralmente socorrem os outros (um filho, o cônjuge, um amigo, um sócio) de uma ou outra circunstância. No entanto, os Mártires doam com afeto e por repetidas vezes "ficam na mão" quando as pessoas falham em atender suas expectativas. Eles formaram uma ligação inconsciente com seu próprio sofrimento.

O Mártir desloca-se entre duas energias diferentes: uma que procura estar no controle e outra que é aquela criança magoada, quase sempre muito carente. Os Mártires tendem a ser perfeccionistas e têm expectativas elevadas de si mesmos e dos outros, o que os torna bastante capazes de realizar seus sonhos, porque investem muita energia em acertar. Como as Vítimas, os Mártires muitas vezes vivenciam um grande drama, experimentam muitos altos e baixos e lutam contra sua vinculação a experiências negativas. Eles vêem o copo meio vazio, em vez de meio cheio. Essa tendência a valorizar o lado negativo muitas vezes os impede de perceber a profunda sabedoria existente em suas experiências de vida. Os Mártires que se dispõem a trabalhar a fim de curar suas mágoas e feridas possuem a capacidade de se tornar orientadores talentosos e realizadores poderosos – Magos do dinheiro.

Características do tipo Mártir	
	Controlador
	Crítico e condenador
	Manipulador
	Perfeccionista
	Sofredor
	Ressentido
	Reservado
	Passivo-agressivo
	Zela pelas pessoas
	Compassivo
	Sacrifica-se
	Criterioso
	Desiludido

O Tolo

O Tolo possui algumas qualidades bastante notáveis que, se bem administradas, podem torná-lo capaz de se transformar num Mago. O Tolo vive mais para o momento e é bastante desligado das conseqüências do futuro. Na maior parte das vezes, o Tolo persegue seus objetivos pelo simples prazer de fazê-lo. Muitos de nós poderíamos aprender com esta característica do Tolo. Mas até que o Tolo se torne esclarecido, ele continuará atraindo dinheiro com facilidade, apenas para deixá-lo escapar por entre os dedos, simplesmente porque não estava prestando atenção.

Características do tipo Tolo	
	Inquieto
	Indisciplinado
	Financeiramente irresponsável
	Impetuoso
	Otimista
	Extremamente generoso
	Confiante na sorte
	Aventureiro
	Vive para o presente

O Criador/Artista

O criador/Artista encontra-se num caminho espiritual ou artístico. Freqüentemente acha difícil viver no mundo materialista e geralmente tem um relacionamento de amor/ódio com o dinheiro. Ele ama o dinheiro pela liberdade que este pode lhe comprar, mas tem pouco ou nenhum desejo de participar do mundo materialista. O Criador/Artista muitas vezes identifica-se com o mundo interior e pode até mesmo desprezar aqueles que vivem no mundo materialista. Suas crenças negativas acerca do materialismo servem apenas para criar um bloqueio à essência da liberdade que tanto deseja. O maior medo do Criador/Artista é não ser autêntico ou não ser fiel a si mesmo.

Uma vez que é quase impossível atrair aquilo que repelimos, o Criador/Artista está constantemente lutando pela sobrevivência financeira. Isso não acontece porque falta a ele talento ou ambição, mas por estar preso a um sistema de crenças que enfraquece sua capacidade de atrair o dinheiro. Muitas pessoas que seguem o rumo criativo ou artístico sentem que o dinheiro é ruim ou ausente de espiritualidade. Isso é verdade apenas na medida em que se acredita que seja verdade. E, uma vez que o Criador/Artista mantem este sistema de crença, ele está se limitando e criando um bloqueio ao fluxo do dinheiro.

O Criador/Artista que trabalhar para integrar o mundo espiritual com o mundo material encontrará um fim para sua luta. Como muitas vezes passa a maior parte do tempo e dá maior atenção à sua jornada interior e ao seu potencial criativo, o Criador/Artista já possui muitas das qualidades necessárias para se tornar Mago. O que esse tipo mais precisa é aceitar o mundo em que vive e abraçar suas variadas dimensões. A fim de parar de sofrer com a tensão que sentimos entre os mundos espiritual e material, precisamos aprender a aceitar a ambos como parte da nossa própria dualidade.

Características do tipo Criador/Artista

- Altamente artístico e/ou espiritualizado
- Passivo
- Internamente motivado
- Desprendido
- Não-materialista
- Solitário
- Busca a verdade

Tenho trabalhado bastante com pessoas criativas e sinto uma afinidade especial com elas. Embora eu reconheça que deve ser difícil viver num mundo que não valoriza a espiritualidade e a criatividade tanto quanto os outros campos, não nos faz bem nenhum nos ressentirmos desta realidade. Agir assim apenas aumenta a distância entre o espiritual e o material, em vez de nos encorajar a encontrar meios de cruzar esse abismo. Meus amigos e clientes que conseguiram equilibrar esses dois mundos encontram-se entre as pessoas mais felizes e bem-sucedidas que conheço.

Alguns anos atrás incentivei um dos meus clientes, Ray, a parar de colocar as etiquetas com preços em suas pinturas. Sugeri a ele que considerasse a possibilidade de permitir que as pessoas se oferecessem a pagar o que quisessem, ou o quanto pudessem. Sugeri que considerasse a idéia de render-se ao processo, de apenas fazer seu trabalho e pedir a Deus e ao universo que o apoiassem em seus esforços e a ser específico sobre o que ele precisava. Por intuição, eu sabia que ele se preocupava demais em receber uma elevada quantia pelo seu trabalho, como prova de que tinha valor. Essa preocupação estava lhe causando uma compressão que bloqueava o fluxo do dinheiro. O trabalho dele era maravilhoso, mas sua auto-estima era baixa. Embora Ray fosse muito evoluído espiritual e artisticamente, estava perdendo uma peça importante do quebra-cabeça. Não é tarefa fácil reconhecer nossa própria resistência como o ponto seguinte da transformação.

A princípio meu conselho não foi bem recebido. Ray acreditava firmemente que tinha o direito de pedir um determinado preço pelas suas pinturas, e ponto final. Eu não insisti. Cerca de um ano depois de termos essa conversa, Ray me ligou para informar que estava indo morar na Europa. Ele disse: "Finalmente aceitei seu conselho e vendi quase todas as minhas obras. Tenho dinheiro suficiente para morar um ou dois anos na Europa e, quando o dinheiro acabar, eu volto." Isso foi em 1995, e ele ainda não voltou. De tempos em tempos, recebo um cartão-postal e imagino Ray vivendo como sempre desejou, livre de quaisquer restrições auto-impostas. Ajudando Ray a render-se à sua preocupação com a maneira como dinheiro aparece, fui capaz de me tornar uma testemunha privilegiada do seu fluxo misterioso para alguém que expressa sua verdade e vive com fé.

O Tirano

Os Tiranos usam o dinheiro para controlar pessoas, eventos e situações. O Tirano acumula e armazena o dinheiro, usando-o para manipular e controlar os outros. Embora os Tiranos possam ter tudo o que precisam ou desejam, nunca se sentem completos, confortáveis ou em paz. O maior medo do Tirano é a perda do controle. Com muita freqüência os Tiranos são Guerreiros superdesenvolvidos, que se tornaram altamente investidos em sua necessidade de controle e dominação. Enquanto os Guerreiros quase sempre são heróicos em suas preocupações verdadeiras pelo bem-estar das outras pessoas, os Tiranos pensam exclusivamente em si mesmos. Esse tipo está interessado no poder e no controle apenas em proveito próprio, e, se necessário, abandonará os outros para obter mais.

Ao longo da História, o Tirano emergiu como o governante que domina e destrói sem o menor sinal de remorso. Atualmente, os Tiranos são os líderes políticos, os grandes empresários ou chefes de família que utilizam quaisquer meios necessários para ganhar a qualquer custo. O Tirano é um mestre em manipular tanto as pessoas como o dinheiro. Talvez por isso o tipo Tirano seja, muitas vezes, a imagem mais bem-sucedida financeiramente que temos em nossa sociedade, a ponto de fazer com que muitos de nós acreditem que o dinheiro seja uma coisa ruim. A mídia faz sua parte para nos convencer ainda mais de que, embora possamos pensar que queremos mais dinheiro, basta vermos no que se transformaram aqueles que realmente o possuem. É o suficiente para fazer qualquer um hesitar.

Os Tiranos, no entanto, não são tão ricos quanto parecem. Claro, eles têm tudo que o dinheiro pode comprar (o que muitas vezes inclui gente bonita) e nunca precisam se preocupar em pagar a conta do telefone, mas lhes falta aquilo que o dinheiro não compra. A despeito do seu aparente sucesso, em geral são pessoas muito temerosas e raramente têm qualquer senso de realização. O Tirano sofre de uma doença que costumo chamar de "insatisfação crônica".

Características do tipo Tirano	Controlador Crítico e condenador Rígido Agressivo Manipulador Rancoroso Medroso Reservado Opressor Altamente materialista Propenso à raiva ou à violência

O Mago

O Mago é o tipo ideal de relação com o dinheiro. Usando uma série de dinâmicas inovadoras, tanto no mundo material como no espiritual, os Magos sabem como transformar e manifestar suas próprias realidades financeiras. Em nossa melhor forma, quando estamos dispostos a reivindicar nosso próprio poder, somos todos Magos. O arquétipo que está ativo em sua vida neste momento é o ponto de partida para seu crescimento. Entendendo sua mitologia pessoal e a história que está por trás do seu tipo atual, você se tornará consciente dos padrões e do comportamento que o estão impedindo de ter o relacionamento com o dinheiro que você deseja. Quando você atingir o ponto de compreensão e tornar-se ciente de tudo que precisa saber nessa etapa da sua jornada, estará pronto para transformar sua recém-adquirida consciência em realidade.

O Mago é completamente desperto e consciente de si mesmo e do mundo que o rodeia. Está munido com o conhecimento do passado, fez as pazes com sua história pessoal e entende que sua fonte de poder existe dentro da sua capacidade de enxergar e vivenciar a verdade de quem ele é. Os Magos sabem que a fonte do poder de se manifestar reside em sua capacidade de mergulhar em seu Poder Mais Elevado. Com fé, amor e paciência, o Mago simplesmente aguarda, sabendo que todas as nossas necessidades são satisfeitas com o tempo. Os Magos abraçam a vida interior como o lugar da saúde espiritual e a vida externa como a expressão do esclarecimento do mundo material. São pessoas infinitamente conectadas.

Características do tipo Mago

- Espiritual
- Poderoso
- Criterioso
- Otimista
- Consciente
- Compassivo
- Vibrante
- Desprendido
- Confiante
- Aberto ao fluxo
- Generoso
- Financeiramente equilibrado
- Acolhedor
- Transformador da realidade
- Flexível
- Sincero
- Vive no presente

EXERCÍCIO

Identificando seu tipo de relação com o dinheiro

1º Passo: Agora que você leu sobre os oito tipos de relação com o dinheiro, provavelmente identificou-se com um – ou mais – deles. Às vezes as pessoas têm mais do que um tipo, o que, geralmente, é uma indicação de que está mudando de uma fase para outra. É possível que você tenha algumas das características de cada tipo. No entanto, normalmente um deles é o dominante. Para identificar o seu tipo (ou tipos) principal, analise a lista de características na página 78-80 e faça um círculo em torno de todas aquelas que se aplicam a você, sem pensar em que características se relacionam com cada tipo. Enquanto faz esse exercício, tente visualizar cada característica no contexto de como você reage, se relaciona e se sente a respeito do dinheiro, e como isso afeta os relacionamentos em sua vida. Por exemplo, você pode ser uma pessoa muito generosa em algumas áreas de sua vida, mas é conhecido como alguém um tantinho rigoroso com o dinheiro.

2º Passo: Em seu diário, anote todas as características que você verificou nesta lista. A relação abaixo relaciona todas as características, com um número ao lado de cada uma. Este número representa o tipo, ou tipos, a que cada característica está associada.

1 = Inocente
2 = Vítima
3 = Guerreiro
4 = Mártir
5 = Tolo

6 = Criador/Artista
7 = Tirano
8 = Mago

Acrescente o número de características que você possui em cada categoria. A categoria na qual você tem a maior pontuação é seu principal tipo de relação com o dinheiro. Se você tiver mais do que quatro em qualquer outra categoria, é uma indicação de que precisa trabalhar para completar também com esse tipo. No próximo capítulo, começaremos a explorar suas origens e a oportunidade que elas oferecem para sua transformação.

Relação de características

Ansioso
Vibrante
Propenso a culpar os outros
Salvador
Altamente emocional
Agressivo
Vive no passado
Generoso
Financeiramente irresponsável
Acolhedor
Quer ser resgatado
Consciente
Confiante
Aberto ao fluxo
Sente-se impotente
Manipulador
Não perdoa
Confiante na sorte
Propenso a vícios
Tem discernimento
Sacrifica-se
Controlador
Ressentido
Sofredor
Passivo-agressivo
Zela pelos outros
Compassivo
Financeiramente equilibrado
Criterioso
Passivo
Inquieto

Relação de características

Busca segurança
Indisciplinado
Financeiramente dependente
Medroso
Reprime emoções e crenças
Bem-sucedido financeiramente
Evita confrontos
Impetuoso
Artístico
Otimista
Competitivo
Extremamente generoso
Propenso à raiva ou à violência
Transformador da realidade
Calculista
Vive para o presente
Crítico e condenador
Vivencia uma profecia auto-realizadora
Reservado
Aventureiro
Poderoso
Determinado
Internamente motivado
Disciplinado
Desprendido
Orientado para os objetivos
Indeciso
Confiante
Altamente materialista
Solitário
Rígido

Relação de características

Busca a verdade
Leal
Diz a verdade
Espiritual
Não-materialista
Opressor

Guia para o exercício de tipo de relação com o dinheiro

Ansioso 1
Vibrante 8
Propenso a culpar os outros 2
Salvador 3
Altamente emocional 2
Agressivo 7
Vive no passado 2
Generoso 3, 8
Financeiramente irresponsável 2; 5
Acolhedor 8
Quer ser resgatado 2
Consciente 8
Confiante 1, 8
Aberto ao fluxo 8
Sente-se impotente 1, 2
Manipulador 4, 7
Não perdoa 2, 7
Confiante na sorte 1, 5
Propenso a vícios 2
Tem discernimento 3
Sacrifica-se 4
Controlador 4, 7
Ressentido 2, 4

Guia para o exercício de tipo de relação com o dinheiro

Sofredor 4
Passivo-agressivo 4
Zela pelos outros 4
Compassivo 4, 8
Financeiramente equilibrado 8
Criterioso 3, 4, 8
Passivo 6
Inquieto 5
Busca segurança 1
Indisciplinado 5
Financeiramente dependente 1
Medroso 1, 7
Reprime emoções e convicções 1
Bem-sucedido financeiramente 3
Evita confrontos 1
Impetuoso 5
Artístico 6
Otimista 5, 8
Competitivo 3
Extremamente generoso 5
Propenso à raiva ou à violência 7
Transformador da realidade 8
Calculista 3
Vive para o presente 5
Crítico e condenador 4, 7
Vivencia uma profecia auto-realizadora
Reservado 4, 7
Aventureiro 8
Poderoso 3, 8
Determinado 3
Internamente motivado 6

Guia para o exercício de tipo de relação com o dinheiro

Disciplinado 3
Desprendido 6, 8
Orientado para os objetivos 3
Indeciso 1
Altamente materialista 7
Solitário 6
Rígido 7
Ousado 3, 8
Busca a verdade 6
Leal 3
Diz a verdade 8
Espiritual 6, 8
Não-materialista 6
Opressor 7

Capítulo 4

Redefinindo seu verdadeiro valor líquido

Talvez o que devemos decidir é como temos valor,
em vez de o quanto valemos.

– Edgar Z. Friedenberg, *The Vanishing Adolescent*, 1959.

Vivemos numa cultura em que os termos "valor líquido"[4] e "autovalorização" tornaram-se sinônimos. No entanto, eles possuem significados completamente diferentes. Sempre me interessei em analisar a linguagem e as palavras, procurando seus significados ocultos. Com freqüência, quando olhamos bem de perto, uma verdade muito maior do que imaginávamos reside no interior das palavras. Por exemplo, se separarmos e examinarmos os termos "rede" e "valor", um quadro inteiramente novo surgirá.

---

[4]Aqui a autora faz um jogo de palavras com a expressão *net worth*, em que a palavra "*net*" também pode ser traduzida como "rede". No parágrafo seguinte, segue-se a explicação para esta palavra contendo este sentido. (*N. da T.*)

De acordo com o dicionário, a definição mais comum para a palavra rede é "qualquer coisa que apanha ou enreda"; e para a palavra valor pode ser no sentido de "monetário" e o valor de alguma coisa mensurado por suas qualidades ou pela estima que lhe é conferida.

Considerando essas palavras, descobrimos que a maioria de nós tem sido "apanhada e mensurada" pelo dinheiro, deixando as próprias qualidades de lado e não contabilizadas. Como muitas vezes não nos sentimos bem a respeito do nosso valor líquido (*net worth*), nossa autovalorização foi diminuída e nossa auto-estima reduzida. Isso acontece porque não nos avaliamos adequadamente pelo nosso valor intrínseco de sermos únicos, separados do nosso patrimônio líquido.

No decorrer dos anos, pedi a centenas de pessoas que fizessem suas declarações de patrimônio líquido (seus ativos financeiros menos seus passivos financeiros), e, sem dúvida, esta é a tarefa mais difícil de se completar. Muitos clientes simplesmente recusavam-se a fazê-la. Outros faziam apenas se eu os ajudasse. Aqueles que completaram a tarefa por vontade própria foram poucos e esparsos. Essa resistência prevalecia tanto que comecei a perceber que a raiz do problema não era a tarefa, mas o turbilhão emocional que ela causava.

Quando se trata do valor líquido, muitas pessoas sentem que não conseguem realmente mensurá-lo. Pensar no quanto acumulamos como prova do nosso valor é uma experiência dolorosa. Em nossa cultura, a riqueza é a principal medida do que somos. Nós nos tornamos definidos por ela. Aqueles que possuem um patrimônio líquido pequeno sentem uma falta de auto-estima correspondente. Mas eles não estão sozinhos. Muitos dos meus clientes que têm um patrimônio líquido elevado experimentam sentimentos similares de baixa auto-estima. A diferença é que, embora eles tenham muito dinheiro, muitas vezes não se sentem merecedores dele. Parece que dispõem de tudo e, no entanto, sentem-se como se não fossem nada.

Acredito que essa falta de auto-estima seja causada pela profunda falência espiritual que prevalece em nossa cultura. Tendo passado uma vida em busca de dinheiro e ganhos materiais, muitas vezes negligenciamos nosso "eu" e seus anseios inerentes pela conexão espiritual. Como seres humanos, temos essa necessidade. Não creio que essa necessidade seja simplesmente resultado da evolução. Ao contrário, seu propósito era que valorizássemos e alimentássemos essa dimensão do nosso eu acima e além de tudo o mais. Sem essa conexão com o eu, nosso verdadeiro valor é diminuído, e a vida se torna uma busca interminável de substitutos para preencher o vazio.

Nós temos sido enredados pela "rede", apanhados na armadilha do dinheiro. Acredito que só escaparemos a partir do momento em que começarmos a nos valorizar acima do dinheiro e dos ganhos materiais. Precisamos criar um novo paradigma para viver, um que seja diferente daquele que herdamos e mantivemos durante gerações pelo hábito e pela falta de consciência.

Mais dinheiro talvez não seja a resposta certa

Vivemos oprimidos por pensamentos de privações e limitações. Não fomos ensinados a pensar além do nosso ponto de vista histórico. Ainda assim, somos muito mais do que apenas a soma total das nossas experiências. Existe uma verdade em cada um de nós que é mais profunda do que qualquer biografia da nossa vida poderia jamais dizer. Sim, somos muito influenciados pelos nossos antecedentes e pelas nossas experiências, mas definir a nós mesmos apenas por essas coisas é limitador demais.

A história de Ellen, uma de minhas clientes, é um bom exemplo disso. Quando criança e adolescente, Ellen era pobre e vivia num medo constante. Veio de uma família violenta e desestruturada, e, em muitos aspectos, a sobrevivência para ela era uma questão fundamental. Mas ela sobreviveu. E tornou-se uma pessoa bem-sucedida em quase todos os sentidos. O dinheiro e o sucesso fluíam para sua vida em grande abundância. No entanto, ela não era uma pessoa feliz. Na primeira vez em que me procurou, Ellen passava por uma depressão profunda e estava em terapia. Conversamos especificamente sobre suas questões financeiras. Ela disse-me que precisava do dinheiro para sentir-se segura, mas isso causava dificuldades em seus relacionamentos. Na verdade, o dinheiro havia destruído todos os relacionamentos que ela tivera.

Bonita, inteligente e rica, Ellen atraía os homens facilmente. O problema era que, com o passar dos anos, ela erguera uma barreira em torno de si mesma e ninguém conseguiu realmente ultrapassá-la. Ellen não era capaz de confiar em ninguém o suficiente para criar uma intimidade verdadeira. Com a ajuda da terapia, foi capaz de superar seus sentimentos acerca dos abusos que sofreu quando criança e a raiva e a dor que sentia em relação aos pais. No entanto, as questões de dinheiro continuavam interferindo em seus relacionamentos. Ainda havia alguma coisa que ela precisava entender, algo que estava atrapalhando o caminho para sua felicidade.

Enquanto examinávamos o passado de Ellen e tentávamos juntar as partes do quebra-cabeça, descobrimos que a única vez em que ela lembrava-se de ter se sentido segura foi logo depois que seu pai recebeu o pagamento por um trabalho. Porque, durante algum tempo, quando havia dinheiro, a família ficou feliz e os abusos pararam. Embora Ellen tivesse se esquecido desse fato, a lembrança guardada em seu subconsciente estava presente em sua vida diária. Ellen passava a maior parte do tempo trabalhando, e sabia que era uma "viciada em trabalho", mas sempre dizia que era porque gostava do que fazia. Esse seu vício em trabalho era um dos principais problemas nos seus relacionamentos. O outro problema era que, embora tivesse muito dinheiro, Ellen era extremamente frugal. Não gostava de gastar seu dinheiro, e muito menos de compartilhá-lo. Ellen era uma mistura dos tipos Guerreiro e Tirano.

Analisando seus relacionamentos, Ellen começou a ver como havia afastado os homens da sua vida, mesmo quando eles realmente a amavam. Embora nenhum dos homens com quem ela se casara tivesse tanto dinheiro quanto ela, eram bem-sucedidos de suas próprias maneiras. Este era outro elo perdido. Uma vez que ela era mais bem-sucedida do que eles e o dinheiro representava sua rede de segurança, subconscientemente Ellen não podia parar de trabalhar tanto, porque, em sua mente, seus maridos não eram financeiramente confiáveis. Talvez não trouxessem o pagamento para casa e, então, o que aconteceria? Isso deixava tudo ao encargo dela e, em seu subconsciente, Ellen sentia-se traída, por isso terminava os próprios relacionamentos.

Cerca de um ano depois dos nossos encontros, Ellen começou a ver que, ao trabalhar tanto para criar sua rede de segurança financeira, ela nunca realmente olhara para si mesma e para aquilo que a fazia feliz. Ela negligenciara seu eu. Sempre gostou de arte, mas nunca considerara a possibilidade de produzi-la. Adorava crianças, mas não tivera filhos. Nunca houve tempo para isso. Então, certo dia, ela me ligou dizendo que precisava me ver imediatamente. Naquela tarde, Ellen entrou no meu escritório e disse: "Bem, eu fiz. Resolvi os meus problemas com o dinheiro. Doei-o todo."

A princípio fiquei alarmada, mas conforme conversávamos fui percebendo que ela havia tomado uma boa decisão. Ellen sabia exatamente o que estava fazendo. Ela me disse: "O dinheiro era minha rede de segurança, minha proteção. Mas também me impedia de viver minha vida. Eu tinha de tirar a rede para que pudesse ser livre." Para Ellen, esta rede também funcionava como uma barreira que a impedia de se tornar mais do que era. Atualmente Ellen vive com uma renda modesta, pinta em seu tempo livre e trabalha com crianças. E, talvez o mais importante, tem tempo de estar em contato consigo mesma, com quem ela realmente é. Agora tem uma vida verdadeira e está em paz com seu passado.

A possibilidade e o potencial de cada um de nós são muito maiores do que a soma das nossas experiências passadas. Ellen passara a maior parte da vida emaranhada em sua história. Embora fosse bem-sucedida financeiramente, não experimentava a prosperidade num nível pessoal, emocional ou espiritual. Temos de ir além das nossas histórias pessoais para descobrirmos nosso verdadeiro valor.

Seu dinheiro não é sua vida

Não é de admirar que soframos uma tal falta de auto-estima. O "balanço" (financeiramente falando) da nossa vida, se formos suficientemente corajosos para examiná-lo, muitas vezes parece bastante desolador. Ao mesmo tempo, nós nos sentimos continuamente pressionados a responder a perguntas como: "O que você conseguiu juntar em sua vida?", "Como é seu quadro financeiro?", "O que está fazendo para assegurar seu futuro financeiro?". Estas não são perguntas a que muitos de nós gostaríamos de responder.

Tenho um amigo que é uma das pessoas mais capazes e inteligentes que conheço. Ele dirige dois negócios, está envolvido com a comunidade e é querido e admirado por quase todos. Recentemente, ele participou de um dos meus seminários sobre a Terapia da Riqueza e, depois, disse-me que se sentia profundamente envergonhado a respeito das suas finanças. Quando lhe perguntei o motivo ele desabafou, contando-me a história de como, muitos anos antes de eu conhecê-lo, ele e a esposa passaram por graves problemas financeiros e ele teve de pedir falência. Ele disse: "Todos os dias penso em todas aquelas pessoas a quem nunca paguei, e todos os dias tenho medo de que isso possa acontecer novamente." Eu lhe disse que a falência é um fato que afeta profundamente a auto-estima das pessoas, porque, aos olhos do mundo, de repente você não é mais nada, você não tem nada, você fracassou. Mas isso não é a verdade acerca de quem você é. Você é um ser humano perfeito, mas isso não significa que não tenha problemas ou que não vá cometer erros. A falência serve para o perdão das dívidas e para permitir que as pessoas recomecem. Mas você tem de estar disposto a perdoar a si mesmo. Precisa estar disposto a esquecer e seguir em frente, o que meu amigo fora incapaz de fazer. Em vez de começar de novo, ele carregava a vergonha consigo, e isso tornou-se uma carga muito mais pesada do que qualquer dívida que tivesse. Eu me ofereci para ajudá-lo mais tarde, mas ele não conseguia encarar a profundidade de sua vergonha. Tanto seu patrimônio líquido quanto sua auto-estima tinham entrado em falência, porque ele era incapaz de ver seu verdadeiro valor, o valor do seu "eu".

O inventário da vida na terapia da riqueza

Lidar com nossas histórias financeiras e com o dinheiro em geral pode ser muito difícil. Desenvolvi um sistema de "contabilidade" que tem ajudado a tornar esse processo mais positivo e mais agradável para meus clientes. Chamo esse sistema de fazer um "inventário da vida", e peço aos meus clientes que façam dois tipos de contabilidade. Um deles é o processo tradicional, envolvendo a revisão financeira de bens e obrigações; o outro é uma contabilidade da sua própria vida. Cheguei à conclusão de que fazer a contabilidade de um e não do outro é injusto e maldoso conosco como seres humanos – sem mencionar o fato de que, dessa forma, realmente consigo que as pessoas façam a sua contabilidade e ainda se divirtam com isso.

Os profissionais de investimentos são famosos pelos sermões que fazem aos seus clientes sobre o valor do tempo no dinheiro. Este conceito significa, basicamente, que enquanto você tem o tempo, é melhor que faça bom uso do dinheiro que tiver (também chamado de valor composto de dólares). Por exemplo, se você tem 35 anos e quer se aposentar aos 65, tem trinta anos para fazer com que o dinheiro que está ganhando agora cresça até a data da sua aposentadoria. Se não aproveitar bem o tempo de que dispõe agora, vai precisar economizar mais dinheiro, correr riscos financeiros maiores ou esperar mais tempo para se aposentar.

Embora este seja um conceito financeiro muito válido, e inteiramente passível de consideração de um ponto de vista lógico e financeiro, não é a única perspectiva. A outra verdade que precisamos considerar, além e acima do nosso patrimônio líquido, é o que chamo de "valor do tempo na vida". Ao contrário do dinheiro, que sempre podemos encontrar meios de ganhar, nosso banco da vida contém muitas horas... e não temos o privilégio de saber exatamente quantas horas ainda nos restam. Em conseqüência, precisamos considerar o valor da nossa moeda de vida e se estamos gastando-a bem, antes que qualquer coisa, incluindo o dinheiro, possa ter qualquer significado. Se tudo o que fazemos é nos concentrar no dinheiro – ganhá-lo, gastá-lo e economizá-lo para o futuro –, corremos o sério risco de ficar sem tempo. Sem essa compreensão, viveremos sempre num estado de pobreza, não importando que quantia de dinheiro sejamos capazes de poupar.

Talvez se tivéssemos uma moeda com as denominações do tempo impressas, para que pudéssemos gastá-la fisicamente como usamos o tempo, valorizaríamos o tempo como valorizamos o dinheiro. Então, teríamos consciência de gastar dólares de tempo com cada compra. Seríamos compelidos a nos perguntar, primeiro: "Quantas horas-vida terei de gastar para pagar por isso? Será que realmente preciso ou quero isso tanto assim? Quanto da minha vida consumirei com este estilo de vida?" Ou, mais importante, seu "estilo" está lhe roubando as horas da sua vida? Estas são perguntas que precisamos muito nos fazer em nossa busca pela compreensão de nosso verdadeiro valor.

EXERCÍCIO

Seu valor líquido

Para determinar seu verdadeiro valor líquido, primeiro você precisa fazer um inventário do seu banco de vida. Responda às seguintes perguntas:

1. Quantos anos você tem?
2. Quantas horas de vida você gastou? (Fórmula: 24 horas por dia X 365 dias por ano X número de anos/dias que você viveu. Por exemplo, em seu quadragésimo aniversário você terá gasto 350.400 horas de vida.)
3. Como você gastou seu tempo?

Agora faça uma contabilidade de como você "gastou" sua vida. Preste conta de tudo o que foi importante para você. Quando terminar, faça uma lista de todas as coisas que ainda precisa fazer com a moeda da sua vida, coisas que gostaria de realizar como ser humano. Finalmente, quantas horas de vida por dia você gastará para alcançar este objetivo? Se estiver sentindo-se corajoso, vá em frente e faça também uma declaração do valor líquido financeiro. Este não é apenas um bom exercício, mas também lhe dará algumas perspectivas úteis sobre como tem usado seu tempo *versus* seu dinheiro.

Se você não conseguir reunir coragem para fazer um relatório financeiro, pelo menos se faça as seguintes perguntas:

1. Quantas horas você trabalha por dia?
2. Quanto dinheiro você ganha por dia (em média)?
3. De quanto dinheiro você precisa para viver por mês?

4. Quantas horas de vida são necessárias para ganhar esta quantia de dinheiro?
5. Quanto dinheiro você economizou?
6. Quanto dinheiro você deve?
7. Quantas horas de vida serão necessárias para pagar suas dívidas?
8. Com quanto tempo de vida isso o deixará?
9. O seu estilo de vida vale o esforço?

Brenda é uma das minhas clientes que começou a Terapia da Riqueza como uma Inocente e, gradualmente, transformou-se numa Guerreira. Agora, está no caminho certo para se tornar um Mago. Ela tem 43 anos, é empresária, artista e dançarina. Este trecho foi extraído do seu diário de Terapia da Riqueza, e em seguida estão as suas respostas para as perguntas anteriores.

Estou num momento de transformação da minha vida porque recentemente tomei a decisão de pedir falência, depois de gastar uma parte da minha vida ganhando dinheiro, adquirindo coisas e me preocupando com as aparências. Dinheiro, propriedades e prestígio eram minha bandeira, e a boa aparência era meu mantra, a qualquer custo... e como custou. Aos 42 anos, todos os padrões negativos que estiveram presentes desde os meus 14 anos chegaram ao extremo. Eu tinha as roupas, fazia as viagens, era dona de meu próprio negócio e tinha meus relacionamentos de forma que me fizessem pensar que eu fosse alguém. Os últimos oito anos foram dedicados ao trabalho interior, que me trouxe ao ponto onde estou agora. Eu sou alguém... e, se você não puder me amar por quem sou sem as coisas que possuo, então você não deveria estar na minha vida. A decisão de pedir falência foi o perdão final que eu precisava me dar... eu seria capaz de perdoar outra pessoa... mas e quanto a mim? Eu também merecia uma segunda chance. Sim, ainda gosto de dinheiro, mas reestruturei minha vida completamente. Agora, com 43 anos, as coisas mais importantes para mim são o amor e os relacionamentos da minha vida. São as únicas coisas que podemos levar conosco... o amor que você dá e o amor que recebe, e não o traje Armani que compra. Então, para mim, estou gastando minha vida buscando minha conexão com o meu Deus... chegando ao meu coração para amar aqueles que me são mais próximos e mais queridos... e para amar a mim mesma, acima de tudo.

O banco de vida de Brenda

43 anos
376.680 horas gastas

Sua "contabilidade" de vida

Fui professora de dança em Nova York por cinco anos.
Dancei profissionalmente no teatro.
Trabalhei no ramo de moda em Nova York.
Viajei para China, Tibete, Hong Kong, Tailândia, Holanda, Alemanha, França, Itália, Inglaterra, Áustria, Brasil, Argentina e Grécia.
Fui dançar tango em Paris e fiz novos amigos.
Continuei dançando tango e fui de Paris para a Argentina, depois para São Francisco e Los Angeles.
Criei um evento de dança que incluía tango e salsa.

Produzi shows de moda.
Por cinco anos fiz compras no mundo inteiro para os clientes, quando trabalhava como consultora de moda.
Há mais de oito anos estou "limpa e sóbria".
Membro da Igreja Ágape por dez anos.
Viajei para encontrar os mestres espirituais.
Fui proprietária de um grande salão de beleza por cinco anos.
Fui cabeleireira por vinte anos.
Fui instrutora de ginástica por cinco anos.
Aprendi a fazer esqui aquático.
Adoro esquiar na neve.
Perdi 10 quilos e continuo mantendo.
Criei meu próprio ateliê.
Tenho pintado há oito anos.
Fiz quatro exposições solo.
Vendi quase todas as minhas obras.
Tenho seguido meu caminho espiritual há 13 anos.
Tenho relacionamentos significativos com todos os meus amigos. Aprendi a meditar.
Sou madrinha da minha sobrinha, Rachel.
Tornei-me a irmã que sempre desejei ser para meus irmãos.
Cantei nas peças de teatro da escola nas sétima e oitava séries.
Aprendi francês e alemão.
Amei genuinamente os homens da minha vida e cresci com eles.
Previ que um amigo ganharia na loteria do green card e ele conseguiu.

Brenda é um ótimo exemplo de alguém que, por meio do compromisso com seu caminho espiritual e pela prática, descobriu seu verdadeiro valor líquido. Sei que a jornada não foi fácil para ela, e até mesmo testemunhei os momentos em que ela caía e reerguia-se por repetidas vezes. Mas ela nunca desiste. Brenda é uma Inocente que conseguiu resgatar seu poder no reino interior, uma lição necessária para qualquer pessoa que busque tornar-se um Mago do dinheiro.

Capítulo 5

Construindo um relacionamento saudável com o dinheiro

O homem é um nó, uma teia, uma trama na qual os relacionamentos são atados. Apenas esses relacionamentos importam.

– St. Exupéry, *Flight to Arras*, 1942.

No início de qualquer relacionamento, a maioria dos adultos maduros e saudáveis costuma refletir sobre seus relacionamentos passados e as lições que foram aprendidas. Nós buscamos a compreensão e desejamos aplicar essas lições aos nossos novos relacionamentos. Muitos de nós não desejam cometer os mesmos erros. Queremos que tudo dê certo. No entanto, o sucesso de qualquer futuro relacionamento depende em grande parte de fazermos nosso próprio trabalho, resolvermos nossos próprios problemas e abrirmos o caminho para que o novo relacionamento se desenvolva.

Isso também se aplica a seu relacionamento com o dinheiro. Para ter esse relacionamento desejado com o dinheiro, primeiro você precisa passar por esse processo de "abrir o caminho". Da mesma forma que não passar por esse processo provavelmente resultará na repetição de antigos padrões e comportamentos num novo relacionamento, não limpar a energia de padrões financeiros passados e da velha energia do dinheiro continuará interferindo no seu relacionamento com o dinheiro. Mas, primeiro, vamos trabalhar para definir qual é seu relacionamento com o dinheiro.

Definindo seu relacionamento com o dinheiro

No meu trabalho com clientes e suas questões financeiras, sempre começo pedindo a eles que descrevam seu relacionamento com o dinheiro. As respostas geralmente revelam pistas sobre seus tipos de relação com o dinheiro, o que me ajuda a entender melhor seus problemas financeiros. Inicialmente, muitas pessoas não sabem como responder. É raro que alguém reaja espontaneamente, dizendo: "Ah, eu tenho um ótimo relacionamento com o dinheiro. Eu o entendo, adoro tê-lo em minha vida e não é uma preocupação. Sempre tenho o bastante." Muitas pessoas não pensam no dinheiro como algo com que possam se relacionar. Tenho um cliente que sempre costumava dizer: "Detesto lidar com dinheiro; por que eu iria querer ter um relacionamento com ele?" Ao que eu respondia: "Você também nem sempre gosta da sua mãe, mas tem um relacionamento com ela. Nem sempre é como você gostaria que fosse. Mas ela está em sua vida, e você jamais a abandonará. É a mesma coisa com o dinheiro. A sua função é aprender como fazer seu relacionamento com o dinheiro trabalhar a seu favor, e não contra você."

Na verdade, por definição, temos um relacionamento com qualquer coisa a que somos conectados, ou da qual dependemos. Baseado nesses parâmetros, o dinheiro qualifica-se como algo com que nos relacionamos. Mas apesar de gastar uma enorme quantidade do nosso tempo pensando nele, nos preocupando com ele e trabalhando para ele, dedicamos muito pouco da nossa atenção ao dinheiro. Baseamos muito da nossa autovalorização no dinheiro e, uma vez que subestimamos nosso "eu", faz sentido que não prestemos atenção suficiente em nosso relacionamento com o dinheiro.

Todo relacionamento que tenha qualquer valor significativo em nossa vida é um sistema de energia viva que precisa de atenção, compreensão e cuidados. É exatamente a nossa falta de atenção e de compreensão do dinheiro que tem causado tantas dificuldades e conflitos a respeito dele. Assim, nossa autovalorização foi diminuída pelo nosso valor líquido, para começar. Aquilo a que não damos cuidado e atenção apropriados geralmente não reage bem em troca. Se não regarmos nossas plantas, elas vão murchar e morrer. Se não limparmos e cuidarmos do espaço onde vivemos, ele acabará ficando caótico e insalubre. Se não damos atenção e dedicação ao nosso relacionamento com os amigos e a família, nos arriscamos a magoar e perder aqueles que amamos. Se negligenciamos nosso trabalho ou carreira, colocamos em risco nossa posição e podemos acabar desempregados. Devemos concentrar energia e intenção em todas as dimensões da nossa vida, se esperamos que elas funcionem.

Acho que seria seguro dizer que, por negar o que o dinheiro realmente significa em sua vida, muitas pessoas permitem, inconscientemente, que seu relacionamento com ele seja arquivado. Já vi pessoas que recuam para o medo ou a raiva diante da mera sugestão de que talvez tenham problemas financeiros que precisam ser enfrentados.

Todos se sentem vulneráveis quando se trata de dinheiro. Que somos temerosos a respeito dele não é algo tão surpreendente, se considerarmos que nunca fomos adequadamente educados sobre dinheiro ou questões financeiras. Não possuímos nenhum treinamento naquilo que nossa cultura mais valoriza coletivamente! Não é de admirar nossa reação raivosa. Entregaram-nos o "poder" e nos disseram para sair e "vencer", sem que nos fossem dadas as ferramentas apropriadas. Estatisticamente, o dinheiro encontra-se entre as principais causas de divórcio e suicídio. O que isso revela sobre nós? O dinheiro afeta todos os aspectos de nossa vida, e ainda assim sabemos tão pouco sobre ele. Já é hora de decidir, conscientemente, mudar essa dinâmica. Uma mudança em nossa consciência não apenas nos ajudará a construir relacionamentos mais fortes uns com os outros, mas também será um passo à frente na direção de se criar um novo legado para nossos filhos, um legado com bases no conhecimento e no poder, em vez de no medo e na dependência. Mas primeiro precisamos definir e redefinir nosso relacionamento com o dinheiro e seu significado em nossa vida.

Vamos nos voltar para uma análise da verdadeira natureza do dinheiro como parte desse processo.

A natureza do dinheiro

O dinheiro contém uma energia de força poderosa. O caminho da abundância e da prosperidade exige que você, em primeiro lugar, limpe a estrada. Para tanto, você precisa criar um campo de energia em sua própria vida, capaz de refletir e atrair a energia do dinheiro.

Semelhante à atração que existe entre as pessoas, a energia do dinheiro é atraída por aquela mais parecida com ela. Vamos começar analisando o processo de descrever claramente as qualidades do dinheiro. Quanto mais claras estiverem para você todas as características do dinheiro, mais fácil será acrescentar estas mesmas características ao seu sistema de convicções. A partir daí você pode começar a criar o espaço para que o dinheiro entre em sua vida. O dinheiro se tornará mais acessível conforme você limpa os canais e desenvolve uma porta de entrada, uma que sempre esteve ali, mas foi bloqueada pelo inconsciente e pelas questões não resolvidas. O caminho para esse desbloqueio exige que você compreenda e acolha a natureza do dinheiro. A seguir, relacionei algumas palavras que refletem a essência do dinheiro.

O dinheiro é:

- Vivo
- Fluido
- Energético
- Criativo
- Poderoso
- Transformador
- Vinculado a nada

O dinheiro sempre encontrou seu caminho para as nossas mãos em primeiro lugar por meio da intenção criativa, que é o processo de transformar a imaginação e os pensamentos e idéias criativas em forma e ação. Por repetidas vezes nos tem sido oferecido, como seres humanos, o presente do dinheiro, e com freqüência não prestamos atenção aos ensinamentos que se apresentaram à nossa frente, o que resultou no uso negativo de uma energia criativa, positiva. Ao longo da História culpamos o dinheiro por todas as doenças do nosso tempo: guerras, fome e colapsos econômicos. O dinheiro, no entanto, nunca foi a verdadeira causa. A falta de consciência, a ganância e o ódio não são energias compatíveis com as do dinheiro. O dinheiro não torna as pessoas gananciosas. As pessoas tornam-se gananciosas. O dinheiro não cria as guerras – as pessoas fazem isso.

O dinheiro como um fluxo criativo

O dinheiro contém uma energia criativa que é atraída para aquela mais semelhante a si própria. Não se esqueça dessas palavras. Pois, contanto que você reflita sobre a essência dessas palavras em sua vida, sempre atrairá o dinheiro. Fortunas são construídas e perdidas diariamente porque as pessoas não entendem esse princípio básico e, dessa forma, derrotam a si mesmas. Se o dinheiro é tão criativo, fluido, energético e assim por diante, e é atraído para qualidades semelhantes, então por que tanto dele muitas vezes acaba em mãos erradas? Bem, o dinheiro, como energia, não tem nenhum critério: é desvinculado. Nós pensamos em criatividade apenas adquirindo uma forma positiva, mas ela também pode se manifestar de formas negativas. O dinheiro não faz distinção entre as duas. Ele simplesmente segue o fluxo criativo. Basicamente, no entanto, muitas formas negativas de energia criativa são destrutivas. Como vimos no capítulo 2, no decorrer da História, sempre que o dinheiro foi usado para dominar, destruir ou limitar a liberdade de outros, seu fluxo foi detido e a sociedade entrou em colapso. A mesma dinâmica se dá atualmente, tanto com as pessoas como nos governos.

A energia criativa do dinheiro não pode se sustentar quando o campo energético torna-se obscuro e o dinheiro não se reflete mais nas formas que o rodeiam. É interessante notar que o dinheiro em si, de uma perspectiva econômica, tem o mesmo problema. Ele exige atenção constante e um equilíbrio apurado do seu fluxo e refluxo. O principal objetivo da Reserva Federal é controlar o fluxo do dinheiro da melhor maneira possível. Um fluxo exagerado de dinheiro gera a inflação, quando o dinheiro realmente não vale tanto. Um fluxo muito pequeno cria a depressão, porque não há o bastante. O fluxo certo, portanto, é quando não possuímos nem muito, nem pouco. Todos poderíamos nos beneficiar desta compreensão em nossa vida. Talvez, então, não somente as nossas finanças pessoais, mas também as economias mundiais se tornariam mais fortes, mais saudáveis e mais sintonizadas com a energia criativa positiva.

Limpando nossa casa financeira

Quando você estiver construindo seu novo relacionamento com o dinheiro, é importante começar com uma "ficha limpa". Para chegar a isso, você precisará "limpar" sua casa financeira e não deixar nenhuma ponta solta. Embora possa ser um processo doloroso, dependendo do grau do caos financeiro em sua vida, é essencial para desbloquear o fluxo de energia em sua vida. Esse processo também é importante porque o ajuda a liberar a mente e o coração de qualquer culpa, julgamento ou sentimentos negativos associados com seu passado e com suas experiências financeiras atuais. Se você não encontrar um meio de limpar a mente de associações negativas, elas continuarão a bloquear o fluxo de energia criativa, e isso se refletirá também na sua futura vida financeira. Como arquitetos da nossa própria vida, e como colaboradores de Deus, devemos construir uma base sólida que não tenha compromissos com as cargas do passado.

A história de John

Na primeira vez que me encontrei com meu cliente John, ele disse: "Quero que você saiba, desde já, que não confio em ninguém quando se trata de dinheiro." Eu agradeci por ele ter-me avisado que não confiava em mim, e sugeri que talvez ajudaria se me explicasse essa falta de confiança. Ele passou a relatar como sua ex-esposa o arruinara financeiramente, e que seus filhos procuravam-no apenas quando queriam dinheiro. John tinha um negócio com seu pai, que também o passara para trás com relação ao dinheiro. John sentia que todos em sua vida tinham-no traído e tornara-se tão desconfiado que seu único objetivo na vida era proteger-se financeiramente.

Conversamos por mais de duas horas, e aos poucos John começou a expressar a dor e a tristeza que estavam na raiz da sua desconfiança. Em determinado momento, ele começou a chorar, dizendo: "Eu dei de tudo a todos eles. Cuidei bem de todos eles... quem cuidou de mim?" É desnecessário dizer que John pertencia ao tipo Mártir de relação com o dinheiro. O que ele não entendia era que havia usado o dinheiro como uma forma de controle, que disfarçava como cuidado por aqueles a quem amava. Infelizmente esse comportamento virou-se contra ele. A expectativa que tivera em relação àqueles por quem havia "se sacrificado e ajudado" resultou em diversas formas de retaliação emocional e conseqüências financeiras. John não conseguia compreender como havia usado o dinheiro como uma medida do seu amor. Em vez de realmente mostrar-se amoroso e entregar-se, ele preferia entregar ou negar o dinheiro como um substituto do amor que não sabia demonstrar. Não era de surpreender que o dinheiro tenha sido tudo o que lhe restou. Era triste perceber que seu relacionamento com o dinheiro (como uma forma de controle) não apenas mascarava seu verdadeiro amor pelas pessoas, mas também o impedia de receber o amor de que tanto precisava. No fundo, John não acreditava que fosse digno de ser amado. Acabou manifestando uma profecia auto-realizadora de traição financeira como prova de que ninguém o amava de verdade. No entanto, a despeito das tentativas das pessoas em trocar dinheiro por amor, o dinheiro jamais poderá substituir a verdadeira expressão do amor que vem do coração.

No decorrer do tempo, John aprendeu a relacionar-se com seus filhos estando de fato presente emocionalmente, e não apenas financeiramente. Seu relacionamento com os filhos era um verdadeiro espelho do relacionamento que tivera com o próprio pai. Seu pai também havia demonstrado seu amor e aprovação por meio do dinheiro, um exemplo de como um padrão de arquétipo passa de uma geração para outra. Não é fácil trabalhar para modificar um comportamento padrão de uma vida inteira, e muito menos um comportamento que esteve presente na família por algumas gerações. John teve de dispor-se a encarar sua própria participação na criação da dinâmica dos seus relacionamentos, em vez de viver na sombra do passado. Foi capaz de reconstruir sua confiança redefinindo seu relacionamento com o dinheiro e com as pessoas a quem amava, incluindo o pai. À medida que foi liberando seus sentimentos de raiva e traição, ele foi capaz de dar vazão à tristeza e experimentar sua verdadeira perda, que não era a perda do dinheiro, mas do amor. A Terapia da Riqueza ajudou John a descobrir que não estava querendo proteger seu dinheiro. Ele tentava proteger seu coração.

Fazendo um inventário de sua vida financeira

É quase impossível mudar seu relacionamento com o dinheiro sem limpar as questões emocionais do seu passado. Uma forma de fazer isso é inventariar sua vida financeira. Comece escrevendo uma lista de todas as questões financeiras inacabadas que você quer resolver. Este processo pode incluir o confronto com pessoas a quem você ama, ou com quem se preocupa. Lembre-se de incluir os itens sobre os quais você não se sente completamente responsável (por exemplo, uma conta que o persegue, mas que você acha que não está certa, ou um imposto do qual você discorda). Quando terminar, numere essas questões não resolvidas por ordem de importância e/ou pela pressão que exercem em você. Pegue os três primeiros itens da relação e faça uma lista de "agir". Deixe a primeira lista de lado, por enquanto. Para cada um dos três primeiros itens da segunda lista, tome uma decisão que o leve a alguma ação positiva, a fim de resolver os problemas na próxima semana. Concentre-se na solução e entre em contato com cada pessoa, ou empresa, ou o que for, e diga: "Estou ligando para avisá-lo de que tenho intenção de resolver este problema. Minha situação é esta. O que podemos fazer para solucioná-la?" Continue nesse processo até encontrar uma forma de resolver toda sua lista. Tente resistir à tentação de ir além do que você pode fazer, porque isso poderá esgotá-lo física e emocionalmente. O objetivo desse exercício é ajudá-lo a sentir-se bem por lidar com os assuntos não resolvidos, e não fazê-lo sentir-se mal.

Há uma chance de que nem todas as situações sejam solucionadas da maneira exata como você pretendia. Porém, ter tudo resolvido com perfeição não é o principal propósito desse exercício. É mais importante que você torne, conscientemente, suas intenções conhecidas e que aja de acordo com essas intenções. O simples ato de expor sua intenção e desejar agir para modificar essa energia já criará uma abertura para que a nova energia seja canalizada de volta para você. A sua fé e a conexão com o Espírito facilitarão o restante.

Mas veja bem: se você estiver sentindo muita dificuldade com esse processo, talvez seja um sinal de que precisa de ajuda externa. Não hesite em procurar um orientador, ou buscar ajuda legal ou financeira, se isso puder auxiliá-lo a completar a tarefa. Quaisquer que sejam os meios, o resultado final será o mesmo: você se sentirá mais leve, terá mais energia e estará pronto para assentar uma nova base para seu relacionamento futuro com o dinheiro.

Uma das minhas clientes, um tipo Inocente clássico que fazia a abordagem do avestruz para as questões de dinheiro, estava tão completamente assoberbada pelos seus problemas financeiros que, quando me procurou, encontrava-se à beira de um ataque de nervos. Consumida por comprimidos e dívidas, ela havia parado de abrir a correspondência, porque simplesmente era incapaz de lidar com sua situação. Isso, claro, serviu apenas para piorar as coisas, porque, abrindo ou não as contas, estas ainda existiam e ficavam mais elevadas com o tempo. Ela estava paralisada pelo medo e pela culpa.

Aos poucos começamos a separar sua correspondência fechada, e conseguimos descobrir que a quantia que ela realmente precisava todos os meses, para manter suas obrigações em dia, estava razoavelmente dentro das suas possibilidades. Seu problema era que se sentia tão culpada pelos seus hábitos de consumo, e tão esmagada pela grande quantidade de contas, que se tornou incapaz de reagir racionalmente. Acabou contratando um conselheiro de dívidas, que negociou os pagamentos com seus credores, e um contador para acertar seus impostos atrasados. Ela fez um pagamento por mês durante dois anos, e tudo terminou. Enquanto isso, prosseguimos com a Terapia da Riqueza.

Com o tempo, ela começou a desembaraçar sua história pessoal e percebeu como seus hábitos de consumo estavam enraizados na sua infelicidade nos relacionamentos. Durante muitos anos, estivera envolvida com um homem a quem amava muito, mas que sempre fora emocionalmente distante e incapaz de se comprometer. Seus hábitos de compras nasceram da sua necessidade de preencher os espaços que ficavam vazios naquele relacionamento. Comprar coisas para si mesma dava-lhe a sensação de ser amada e cuidada. Por um tempo, sentia-se valorizada. No entanto, na medida em que recebia cada vez menos daquele relacionamento, passou a comprar mais e mais, uma dinâmica que acabou levando a um completo despedaçamento da sua auto-estima e gerando uma crise financeira. Nessa circunstância, o dinheiro tornou-se um substituto para o amor pelo qual ela ansiava. Dessa forma, tornou-se também um vício. Ela começou a participar das reuniões dos "Devedores Anônimos", e os benefícios deste programa ajudaram-na imensamente.

Ela deixou o namorado e refez a vida investindo em uma nova carreira em publicidade. Atualmente é proprietária de uma bem-sucedida agência de publicidade e ganha mais de 300 mil dólares por ano. Ela limpou sua casa financeira, limpou sua vida das energias emocionais negativas e aplicou suas lições para construir o mundo no qual queria viver. Não havia espaço para isso em sua vida anterior. Primeiro, ela teve de criar este espaço. Uma vez que conseguiu, o fluxo criativo do dinheiro simplesmente a acompanhou.

EXERCÍCIO

Procurando seu relacionamento perfeito com o dinheiro

Usando os relacionamentos como a metáfora, pense que tipo de relacionamento você está procurando com o dinheiro. Se você quisesse colocar um anúncio no jornal em busca do par ideal, certamente precisaria de uma idéia bem clara do que está querendo, com antecedência. Do contrário, seria pouco provável que encontrasse o que deseja. Quanto mais claro você for a respeito do que quer, é mais provável que consiga manifestar qualquer relacionamento desejado, seja com uma pessoa, um trabalho ou dinheiro. Portanto, seja claro sobre que tipo de relacionamento você pretende ter com o dinheiro. Escreva um anúncio pessoal que especifique sua intenção. Aqui vai um exemplo:

"Ser espiritual procura relacionamento com o dinheiro que seja de confiança, satisfatório, criativo, próspero e sem limites. Estou pronto para receber este relacionamento em minha vida e para acolher esta prosperidade com carinho e atenção, para que juntos possamos realizar nosso maior bem."

Depois de escrever seu anúncio, pregue-o no espelho do banheiro. Leia essa "carta" de intenção em voz alta, todas as manhãs, enquanto se prepara para seu dia. Quando terminar de ler, repita as seguintes palavras: "Estou disposto a receber este relacionamento perfeito em minha vida e considerá-lo feito, e assim seja."

Capítulo 6
Amor e poder, medo e controle

Um ser humano amar o outro: esta talvez seja a mais difícil de todas as nossas tarefas, a definitiva, a última prova e teste, o trabalho para o qual todos os outros trabalhos são apenas uma preparação.

– Rainer Maria Rilke, *Cartas a um jovem poeta*, 1904.

Como seres humanos, temos uma profunda necessidade de controlar o mundo que nos rodeia. Já bem cedo na vida, aprendemos a temer e a desconfiar daquilo que não podemos prever ou controlar. Ficamos alertas na presença da contradição, e é por isso, acredito, que temos tantas dificuldades com o dinheiro. O dinheiro é cheio de contradições. Ele possui uma dualidade que não é muito diferente da nossa própria natureza como seres humanos. É espiritual e material, criativo e destrutivo, amoroso e cruel. Tem a capacidade de nos ajudar a realizar nossos maiores sonhos, ou a sermos derrotados pelos nossos piores pesadelos.

Aceitando a dualidade do dinheiro

Se quisermos fortalecer nosso relacionamento com o dinheiro, precisamos aprender a aceitar suas sombras tanto quanto sua luz. Pois o dinheiro não é nada além de outro espelho que reflete a energia do seu observador. É essencial que reconheçamos essa verdade para que possamos escolher conscientemente em que lado da sua realidade desejamos viver e criar. Precisamos estar dispostos a abraçar essa dualidade a fim de entendê-la, e a nos tornar familiarizados com suas muitas dimensões e contradições inerentes. Tudo na vida é uma espécie de quebra-cabeça metafórico. O que vemos e acreditamos que seja real na superfície muitas vezes é algo bem diferente. Quando olho para o horizonte, vejo acres de terra plana estendidos à minha frente. Por um instante, posso realmente entender por que certa vez acreditou-se que o mundo era plano. Mas o mundo não é plano, e tampouco o dinheiro. O dinheiro, como o mundo, é multidimensional. Até começarmos a alterar nossa perspectiva, continuaremos a viver num mundo unidimensional e auto-enganador, no qual o dinheiro é representado como uma coisa ou outra, bom ou ruim, preto ou branco. No entanto, esta não é a verdade e de nada nos serve acreditar nisso.

O dinheiro permeia todas as fases da nossa existência e afeta não apenas o relacionamento com nosso "eu", mas também com as outras pessoas. Muitas vezes inconscientemente tomamos nossas decisões financeiras a partir de uma posição de amor ou poder, medo ou controle. Com freqüência, as decisões que tomamos acerca do dinheiro são baseadas no medo, porque quando se trata de dinheiro a maioria de nós sente-se fora do controle. No entanto, as decisões financeiras baseadas no medo são reações, e não escolhas. Essas reações baseadas no medo surgem da nossa necessidade de controlar e, portanto, falta-lhes qualquer poder verdadeiro. Quando tomamos decisões conscientes a respeito do dinheiro, baseadas no amor por nós mesmos e pelos outros, ficamos no poder e na presença do Espírito, e podemos confiar que todas as nossas necessidades serão satisfeitas.

Mudando a maneira como pensamos no dinheiro

O mundo está repleto de imagens de pessoas que subiram a escada do sucesso à custa de outros e estão dispostas a vender a alma em troca de ganhos financeiros, poder e controle. A mensagem que nos passam é que apenas os financeiramente fortes sobrevivem. Essas imagens, combinadas à nossa história coletiva, serviram apenas para aprofundar o nível de desconfiança e desprezo pelo dinheiro. Os anos de experiência acumulada, tanto no plano pessoal como no social, inconscientemente nos impediram de manifestar nossa merecida abundância. Nossas associações negativas e temerosas com o dinheiro conspiram contra nós e sabotam nossos esforços para criar a vida e a segurança financeira que tanto desejamos. Para mudar esse estado de coisas, precisamos recriar um sistema de convicções repleto com imagens positivas, juntamente com uma linguagem que apóie e reforce a realidade que desejamos manifestar. Pois não apenas abrigamos associações negativas em nossa mente, mas também lhes damos vida a partir da linguagem que usamos com freqüência, bloqueando ainda mais o fluxo do dinheiro para nossa vida.

Da mesma forma que nossos pensamentos sobre dinheiro são infinitamente poderosos, as palavras são ainda mais. Um pensamento seguido de palavras possui uma energia criativa e um movimento por trás dele. Conforme ele se move de uma intenção para uma ação, cresce infinitamente mais poderoso. Se formos aprender a penetrar no poder que possuímos para criar nossa realidade, devemos nos tornar conscientes do conteúdo nas nossas mentes, palavras, intenções e atos.

Há coisas bem simples que podemos fazer para ir aprendendo a agir assim. Por exemplo, quando você estiver passando por uma diminuição do fluxo do dinheiro, não diga "Estou quebrado". Em vez disso, tente verbalizar sua situação de maneira mais positiva, como "Estou num recesso financeiro. Isso significa apenas que preciso brincar mais e gastar menos". Quando seus filhos lhe pedirem alguma coisa, não venha com o velho chavão de que "o dinheiro não nasce em árvores". Diga-lhes a verdade. Diga que o dinheiro é um recurso importante e que precisamos ser cuidadosos na maneira de usá-lo. Se eles chorarem porque você não quer lhes comprar alguma coisa, console-os e diga que os ama, mas que não demonstramos amor comprando coisas. Por meio do amor podemos ensinar nossos filhos a se sentirem realizados com o que vem de dentro.

Mudando a maneira como pensamos sobre nós mesmos

As pessoas muitas vezes demonstram um comportamento que é confuso e contraditório à sua natureza quando se trata de dinheiro. Este comportamento representa as questões inconscientes e não resolvidas que são manifestadas em nossos tipos de relação com o dinheiro. O dinheiro traz à tona o melhor e o pior de nós. É dessa dualidade que devemos começar a nos conscientizar. Quando conseguirmos ser donos da nossa própria dualidade e contradições, podemos começar a escolher conscientemente onde e como queremos viver. Tanto a luz como o escuro existem dentro de nós. Negar isso é negar uma parte de nós mesmos. Podemos escolher experimentar aquilo de que temos consciência; podemos até criar nossa própria realidade. No entanto, o que negamos possui uma vida própria, escavando dentro de nós como um prisioneiro que tenta escapar do seu inferno particular. Precisamos aprender a integrar o mundo interior e espiritual com o mundo exterior e material, ou corremos o risco de nos tornarmos prisioneiros dos nossos próprios atos.

A história de Allen

O segredo para mudar nossa realidade financeira encontra-se em nossa capacidade de reconhecer os padrões inconscientes e as convicções sob as quais agimos em nossa vida diária, principalmente por meio dos tipos de relação com o dinheiro. É interessante observar como uma pessoa sensível e bondosa pode adquirir uma personalidade completamente diferente quando o assunto é dinheiro. Um exemplo comovente disso foi demonstrado por um cliente meu, chamado Allen, que me procurou por insistência da esposa, que estava aborrecida e frustrada com o que ela chamava de “teimosia financeira” do marido. Allen era um homem extremamente capaz e inteligente. Tinha uma esposa e um filho a quem amava muito e possuía um negócio bem-sucedido. Seus pais haviam falecido muitos anos antes de eu conhecê-lo, e ele herdara uma quantia substancial de dinheiro. Esse dinheiro poderia ter criado muito conforto e segurança para Allen e sua família, mas, em vez disso, tornou-se a fonte de grande estresse familiar, especialmente no relacionamento dele com o filho, Josh. Embora Allen tivesse os meios financeiros, estava determinado a não pagar a faculdade de Josh. Aquele era o dinheiro "dele", e Allen não se sentia na obrigação de pagar pelos estudos do filho depois do colegial.

Allen tinha também uma enorme resistência aos investimentos. Desde que recebeu a herança, desenvolveu alguns hábitos de consumo excessivamente dispendiosos. Na época em que o conheci, ele já havia gasto uma boa parte da herança, restando-lhe apenas 150 mil dólares do patrimônio líquido, que estavam guardados num banco e rendendo apenas 4% de juros. A maior parte da herança fora usada para comprar dois imóveis, a casa onde moravam e uma casa de praia na costa do Maine, a mesma onde Allen costumava passar as férias quando criança. Allen havia pago à vista as duas propriedades. A família só visitara a casa no Maine por duas vezes, mas também não a alugara. O valor total das duas propriedades ultrapassava os 600 mil dólares. A família quase não tinha nenhum outro investimento, exceto uma pequena poupança que Allen iniciara anos atrás. Aparentemente, ninguém pensaria que este fosse um cenário tão ruim, mas havia outras coisas ocultas ali.

Quando perguntei a Allen como ele se sentia a respeito de investimentos, ele passou a me dizer que seu pai era um "jogador" que sempre apostara do mercado de ações. Infelizmente seu pai "perdera a aposta", e parte do dinheiro que fora perdido era aquele que tinha sido prometido a Allen para sua educação universitária. Pouco tempo depois disso, o pai de Allen morreu, e isso o fez sentir-se ainda mais traído. Depois da morte do pai, a mãe de Allen, que nunca antes lidara com dinheiro, contratou um corretor de ações para ajudá-la. De acordo com Allen, este corretor "roubou" um bocado de dinheiro da sua mãe. Eu escutei esta história com empatia, uma vez que esses acontecimentos tinham claramente afetado Allen, embora ele não demonstrasse quaisquer sinais de emoção. Quando terminou, eu lhe disse que, considerando sua história, sua resistência em investir era bastante compreensível. A resposta dele foi: "Talvez eu não esteja tão bem quanto poderia, mas é meu dinheiro e vou gastá-lo do jeito que quiser." Essas palavras ajudaram-me a entender por que sua esposa referira-se a ele como "financeiramente teimoso". Nesse ponto, comecei a suspeitar que Allen fosse do tipo Tirano.

Passei a redirecionar a conversa para suas preocupações e prioridades financeiras atuais. Allen revelou que queria se aposentar quando tivesse 50 anos (ele tinha 45 na época) e que, além de pagar o colégio particular para o filho, não tinha quaisquer outras prioridades. Perguntei-lhe sobre o planejamento dos estudos universitários do filho, e ele limitou-se a responder que não pagaria por isso. Eu não me referi à óbvia contradição de que Allen estava disposto a gastar uma grande soma de dinheiro no colégio particular, mas que se recusava a gastar um centavo para a universidade. Era evidente que ele sentia-se compromissado com a educação do filho, do contrário não estaria pagando a escola particular. Essa ausência de prosseguimento era estranha, especialmente quando ele tinha meios para custear os estudos do filho. Continuei sondando.

No decorrer do nosso extenso encontro, tornou-se bem claro para mim que Allen ainda guardava alguma raiva e ressentimento em relação ao fato de seu pai ter perdido no "jogo" o dinheiro que estava reservado à sua educação universitária. No final da nossa reunião, eu disse: "Lamento pela sua experiência com seu pai, mas devo dizer que, mesmo não tendo cursado a faculdade, você é uma pessoa muito capaz e inteligente. Deveria sentir-se bem consigo mesmo. Saiu-se muito bem."

Parecendo um tanto atônito, ele falou: "Ora, obrigado, mas eu não disse que não cursei a faculdade. Eu me formei em Princeton." Naquele momento, Allen revelou seu tipo de relação com o dinheiro e o motivo latente dos problemas que experimentava com dinheiro. Allen estava operando numa combinação dos tipos Vítima e Tirano. Embora demonstrasse todas as características principais do tipo Vítima, o Tirano começara a se manifestar numa proporção direta com a recusa de Allen em lidar com seus verdadeiros sentimentos. Allen ainda estava representando a energia emocional e a raiva que sentia em relação ao pai. Que o pai dele fosse realmente um "jogador", também é suspeito. Ao que parecia, ainda restara muito dinheiro depois da morte dele. No entanto, Allen precisava jogar a culpa da ausência do pai em alguma coisa e, num determinado ponto, fizera um acordo inconsciente consigo mesmo de que jamais seria um "jogador" como o pai, ou nunca seria "enganado" como fora sua mãe. A despeito da sua realidade, Allen ainda agarrava-se à crença de que fora privado de alguma coisa, e jogava a culpa dessa privação em "dinheiro e investimentos". Dessa forma, ele era também uma Vítima. Como seu pai "jogava" e sua mãe fora "enganada", o dinheiro obviamente era o grande culpado.

Claro que Allen nunca tinha sido realmente privado de nada. Ele freqüentou uma das universidades mais prestigiadas do país e possuía um fundo de pensão. Era muito bem casado e tinha um filho maravilhoso. Mas, bem no fundo, ainda era um garotinho ferido que se sentia relegado pelo pai, e em vez de encarar essa dor ele projetava seu sofrimento em seu relacionamento com o dinheiro. A Vítima que atuava em sua vida financeira obrigava-o a ficar preso no passado, onde ele recusava-se teimosamente a livrar-se das falsas convicções – tanto que havia isolado seu filho, que se sentia rejeitado pela recusa do pai em pagar por sua educação. Josh saíra-se muito bem no colégio, e seu pai sempre salientara a importância de se obter uma boa educação. Sem a ajuda do pai, não teria meios de cursar nenhuma das universidades nas quais havia sido aceito, e provavelmente teria de freqüentar uma das faculdades comunitárias nos arredores da sua cidade. Essa situação era difícil de acreditar, já que era tão evidente que Allen amava o filho. Além do mais, Allen recusava-se a reconhecer a preocupação da esposa a respeito dos seus gastos, e o receio dela de que o dinheiro não estava sendo adequadamente investido. Ao negar seus sentimentos verdadeiros, um homem amoroso e dedicado se transformara num Tirano.

Trabalhei com Allen durante uns poucos meses. Ele tomou consciência de como havia permitido que as experiências do passado contribuíssem para a disfunção do seu sistema de convicções a respeito do dinheiro. Em algum lugar bem dentro dele, a dor e o sentimento de traição que sentia pelo pai haviam se transferido para o dinheiro, embora as perdas que ele sofrera fossem puramente emocionais, não financeiras. Seus pais tinham falecido cedo demais. Porém, em vez de sentir a própria dor, Allen permitira-se se transformar numa Vítima. O dinheiro representava tudo o que lhe restara dos pais; e, embora na superfície ele parecesse egoísta, na verdade não era. Ele tinha medo. A questão era que não confiava em si mesmo com o dinheiro e não queria arriscar a segurança da família, por isso comprou as propriedades e não fez quaisquer outros planos nem promessas financeiras, por causa de seu medo secreto de fracassar. A história de Allen é um ótimo exemplo de alguém que está escondendo sua realidade interior, enquanto, inconscientemente, busca conforto no mundo material. Ela demonstra também como questões financeiras não resolvidas muitas vezes se manifestam num comportamento que é contraditório à nossa verdadeira natureza.

A maior cura que realmente experimentamos ocorre quando podemos perdoar. À medida que Allen começou a compreender e perdoar os pais, ele abriu o coração e escolheu amá-los e ser grato pelas oportunidades que eles haviam lhe oferecido. Quando pôde ver a verdade a respeito dos pais, ele conseguiu integrá-la em sua vida. A verdadeira cura de Allen aconteceu quando decidiu separar e aplicar fundos suficientes para a educação universitária do filho, o que demonstrou que havia realmente perdoado seu pai e se libertado do passado. Com o tempo, fui ensinando-o como ser um investidor prudente. Seus gastos exagerados cessaram quando percebeu que poderia dar-se bem com o dinheiro e que não estava destinado a repetir o passado. Allen refinanciou a casa de férias no Maine e alugou-a. O valor do aluguel cobriu a hipoteca, e ele e a esposa investiram 250 mil dólares em ações de capital social. Nos últimos dez anos, o dinheiro que ele investiu cresceu a quase 1 milhão de dólares. Nesse mesmo período, o valor dos imóveis cresceu apenas cerca de 100 mil dólares. A mudança de Allen sem dúvida o tornou mais próspero. E, mais importante, também resgatou o relacionamento dele com o filho. Se Allen não estivesse disposto a analisar suas questões em relação ao dinheiro, as chances seriam de que o Tirano, que havia sido ativado, acabasse se tornando o tipo dominante em sua vida. Em vez disso, ele foi capaz de se transformar num Mago do dinheiro. Felizmente Allen escolheu o amor em vez do medo e, assim fazendo, venceu sua necessidade de controle. O amor é sempre infinitamente mais poderoso do que o medo. Ao curar seu relacionamento com o dinheiro, Allen permitiu-se passar um novo legado de dinheiro ao filho, um legado do Mago, baseado no amor e na compaixão, e não no medo e no controle.

Casais e dinheiro

Nossos problemas com dinheiro não resolvidos talvez se tornem ainda mais ampliados nos nossos relacionamentos com outras pessoas. O dinheiro e o sexo são as duas energias mais poderosas que existem entre os seres humanos e estão na raiz da maioria dos problemas de relacionamento. De fato, para muitas pessoas é mais fácil falar sobre sexo do que discutir assuntos de dinheiro, que, de longe, é um tabu muito maior e mantido consideravelmente mais oculto. Pela minha observação, em ambos os casos o problema é de oferta e procura, e sempre que a oferta está baixa a procura normalmente torna-se mais forte. As pessoas apanhadas nessa dinâmica na maioria das vezes estão agindo por falta e limitação, e seus medos as levam a querer mais controle. Quando aprendemos a agir de uma posição de amor e poder, nós nos tornamos mais abertos e disponíveis para receber verdadeiramente a abundância da vida.

Creio que seria seguro dizer que muitas pessoas permitem, inconscientemente, que seu relacionamento com o dinheiro definhe por negar o que o dinheiro significa em sua vida. Já vi muitos clientes recolherem-se ao medo e à raiva diante da mera sugestão de que talvez tenham alguns problemas com o dinheiro que precisam ser analisados. Embora seja uma generalização, reparei que as mulheres são as que mais reagem com medo, e os homens com raiva. Sem dúvida, isso é o resultado de um considerável condicionamento social, uma vez que, historicamente, as mulheres eram (e, em certa medida, ainda são) financeiramente dependentes dos homens e sentiam-se impotentes por suas vidas e seus destinos financeiros. Como mencionei no capítulo 3, muitas mulheres são do tipo Inocente. Elas não precisam entender de dinheiro porque isso é "função do homem". Embora as mulheres certamente tenham conquistado avanços significativos no trabalho, muitas ainda se sentem inadequadas e despreparadas quando se trata de dinheiro.

Para muitas mulheres que são donas de casa e mães em tempo integral, as decisões financeiras ainda permanecem, em grande parte, nas mãos dos maridos. Num relacionamento tradicional, o marido trabalha para sustentar a família e também toma a maioria das decisões financeiras. Embora esses papéis de sexo tenham começado a evoluir, as mudanças têm sido lentas, em parte, acredito, porque as mulheres têm medo de fazer valer seus direitos a respeito do dinheiro em seus relacionamentos. Com freqüência elas se sentem vulneráveis acerca da sua segurança e desconfortáveis em questionar as decisões financeiras dos maridos. Já vi muitas mulheres fortes tornarem-se quase subservientes aos maridos quando o assunto é dinheiro. Como mulheres, temos tendência em sermos aquelas que cuidam da parte emocional dos nossos relacionamentos. Uma vez que o dinheiro traz consigo tantos problemas, sentimos que é melhor deixá-lo de lado. Embora seja muito mais fácil não estar encarregada das questões financeiras, permanecer ignorante tampouco beneficia a maioria dos relacionamentos.

Tenho trabalhado com muitos casais, tentando ajudá-los a criar acordos mais saudáveis e equilibrados a respeito do dinheiro. Gosto dessa parte do meu trabalho, porque posso ver claramente o quanto esses casais ficam aliviados quando fazem um esforço para equilibrar o poder no relacionamento. Esse tipo de equilíbrio só poderá ser atingido quando as duas pessoas concordarem em abordar os problemas a partir do amor e da compreensão, especialmente no que se refere aos medos e apreensões do parceiro. No decorrer deste trabalho, observei três padrões comuns de relacionamento com o dinheiro, que estão descritos a seguir.

O PADRÃO TRADICIONAL

O padrão tradicional é, de longe, o mais comum. Esse padrão normalmente imita a dinâmica do dinheiro dos nossos pais (ou, pelo menos, a imagem que temos dela). No padrão tradicional, o marido lidera a tomada de decisões financeiras. Embora o casal possa conversar sobre dinheiro e finanças, especialmente diante de grandes decisões (como a compra de uma casa ou de um carro), a decisão final quase sempre é determinada pelo homem. Esse padrão não é apenas comum em relacionamentos nos quais o marido trabalha e a mulher fica em casa, mas também prevalece em muitos lares onde ambos trabalham fora. Tenho perguntado a muitas mulheres como elas se sentem a respeito desse tipo de acordo, e na maior parte das vezes, embora digam que gostariam de ter uma participação maior, elas sentem que não têm conhecimento suficiente sobre dinheiro para insistir nessa participação.

O PADRÃO CONTEMPORÂNEO

O padrão contemporâneo é o segundo mais comum que observei entre os casais com quem trabalhei. Nesse tipo de relacionamento, os casais tomam suas decisões financeiras de comum acordo. Este arranjo é mais comum entre profissionais de renda mais elevada, quando o marido e a esposa possuem um nível de conhecimento financeiro maior e mais sofisticação. Esse tipo de padrão presta-se a um nível mais elevado de comunicação, sensação de segurança e confiança. Isso não quer dizer que as pessoas nesse tipo de relacionamento também não passam por dificuldades com dinheiro. No entanto, como um acordo de participação já existe, nenhum dos parceiros tem controle exclusivo das decisões financeiras.

O PADRÃO FINANCEIRAMENTE AUTÔNOMO

O padrão financeiramente autônomo é o menos comum, mas talvez seja o que cresce mais rápido. Tenho observado esse padrão com mais freqüência nos relacionamentos entre pessoas que já foram casadas antes ou em outros relacionamentos mais longos, que são mais velhas e que possuem bens financeiros consideráveis já existentes antes do relacionamento atual. Nesses relacionamentos, os casais tomam suas decisões financeiras separadamente, e suas finanças e rendimentos não se misturam. Não há dúvida de que o alto índice de divórcios e as complexidades do sistema legal levaram muitas pessoas a se tornar mais cautelosas quando se trata de formar seus vínculos financeiros. Tenho visto essa dinâmica funcionar de forma positiva e também negativa nos relacionamentos. Os casais que são bastante claros a respeito de sua segurança financeira individual lidam muito bem com esse tipo de acordo. No entanto, nem todos, independentemente de quanto dinheiro tenham, sentem-se financeiramente seguros. E muitas vezes a pessoa com menos dinheiro acha que seu parceiro mais rico deveria contribuir mais com os gastos da casa. Portanto, questões de confiança e intimidade também podem ser comuns em relacionamentos financeiramente autônomos.

Segue-se o exemplo de um casal com que trabalhei, que mantinha um relacionamento tradicional com o dinheiro.

A história de Stan e Diane

Trabalhei como consultora financeira para Stan e Diane por muitos anos, antes de iniciar a Terapia da Riqueza com eles. Eram ótimos clientes com quem se trabalhar, porque tinham um relacionamento carinhoso e dedicado, e sempre admirei a maneira como se comunicavam. Então, certo dia eles me procuraram, e era óbvio que estavam com muitos conflitos a respeito do dinheiro.

Stan era um médico muito bem conceituado e Diane ficava em casa cuidando dos três filhos e dos afazeres domésticos. Stan funcionava como um tipo Guerreiro e estava bastante alerta quanto ao bem-estar financeiro da família. Diane era um exemplo clássico do tipo Inocente de relação com o dinheiro, financeiramente dependente do marido. Ela abandonara a carreira de professora, logo no início do casamento, para cuidar dos filhos. Embora Diane fosse uma mulher vibrante e autoconfiante, quando se tratava de dinheiro ela olhava para o marido como se fosse uma criança desamparada. Quando começamos a discutir a situação do casal, Diane começou a chorar e mostrou-se quase inconsolável. Stan explicou que, enquanto tentava refinanciar a casa, descobriu que Diane não havia sido honesta com ele: ela estivera gastando dinheiro e escondendo as contas. Isso já era algo bastante difícil de se lidar; e, conforme se revelou, Diane também atrasou os pagamentos das contas escondidas e havia emitido alguns cheques sem fundo, o que afetara o crédito deles e dificultava ainda mais o processo de refinanciamento da casa.

Stan sentia-se traído e com raiva. Diane sentia-se culpada e humilhada. Expliquei que o problema deles não era assim tão incomum. Perguntei a Stan se ele se disporia a ouvir de Diane como aquela situação começara, pois era óbvio que ela estava sofrendo e precisava falar. Eu disse a Diane: "Sei que você sente-se mal com o que aconteceu, mas é importante que vocês conversem sobre o que causou esse problema. Você devia estar com muito medo, pois do contrário não precisaria esconder as contas. Você sabe do que tem medo?" Ainda em prantos, Diane começou a falar sobre o quanto era difícil viver num medo constante de não ter dinheiro suficiente. Ela disse: "Stan sempre trabalha tanto para nos sustentar, mas sinto que as despesas aumentam cada vez mais e mal conseguimos nos manter. Há anos Stan tem me dado a mesma quantia de dinheiro, todos os meses, para manter a casa e as crianças, mas tudo fica cada vez mais caro. Pensei que poderia dar um jeito e não contar a ele que precisávamos de mais. Não quero sobrecarregá-lo ainda mais. Acho que eu deveria arrumar um emprego para ajudar nas despesas, mas ele não quer que eu trabalhe. Então, comecei a usar os cartões de crédito e esperava poder pagá-los um pouco por mês. Mas, quando começaram a atrasar, eu fiquei assustada, e agora tudo isso explodiu na minha cara. Sei que agi errado, mas estava apenas tentando tornar as coisas mais fáceis."

Nesse ponto fiquei confusa. Perguntei a Stan se eles estavam com dificuldades financeiras, e ele disse: "Bem, o movimento no consultório diminuiu um pouco, mas estamos bem. Só precisamos economizar um pouco. E foi por isso que eu estava refinanciando a casa." Era evidente que os conflitos emocionais de Diane não eram congruentes com a realidade financeira externa do casal. Não lhes faltava dinheiro. Stan ganhava bem, eles tinham uma bela casa e uma quantia considerável de dinheiro investido. Perguntei a Diane por que ela pensava que estivessem com problemas financeiros. No decorrer da conversa, a fonte do problema deles foi revelada.

Stan tinha tanto medo que Diane pudesse "bagunçar" as finanças do casal que lhe dava uma mesada fixa, ficando ele próprio encarregado de todas as outras questões financeiras. A história pessoal de Diane com relação ao dinheiro era caótica, principalmente na infância, e Stan sabia que, como resultado disso, ela tinha medo de lidar com dinheiro. Em conseqüência, ele raramente discutia as questões de dinheiro com ela – apenas fazia o que precisava fazer. De vez em quando, dizia que o movimento no consultório havia diminuído, ou que o mercado de ações estava em baixa, somente como um comentário. Diane tomou isso como uma indicação de que estavam com problemas financeiros. Uma vez que, como um verdadeiro Guerreiro, Stan sempre se empenhou em proteger a esposa das questões financeiras, Diane nunca soube se eles tinham ou não dinheiro. Deixada com seus próprios meios baseados no medo, ela acreditou firmemente que se encontravam em dificuldades. Preferiu não informar Stan que sua "mesada" para cobrir os gastos domésticos não era suficiente, porque achava que ele já estava trabalhando demais. Portanto, escondeu seus gastos e as contas até que o problema fugisse do controle. Stan estava agindo mais como um pai do que como marido. E, como se descobriu, era exatamente dessa maneira que o pai dele lidava com o dinheiro em sua família.

Não incluindo Diane em sua vida financeira, Stan não apenas impediu que a esposa crescesse financeiramente, mas também acrescentou ainda mais ao medo dela. Trabalhei com Stan e Diane para estabelecer um sistema mais saudável de gerenciar o dinheiro, baseado na compreensão das necessidades e dos medos de cada um.

Stan concordou em dar uma quantia mensal para as despesas da casa que era mais do que realmente precisavam. Também concordou em fazer um depósito mensal na conta particular de Diane, pois ela se sentia pouco à vontade em pedir quando precisava de dinheiro.

Acredito firmemente que, quando se trata de adultos, é pouco saudável essa estrutura de um parceiro precisar pedir dinheiro a outro. Esse tipo de acordo é prejudicial à auto-estima do indivíduo e ao relacionamento. Nesse caso, Stan foi bastante aberto para perceber sua participação na criação dos problemas e realmente quis ajudar a esposa a tornar-se tão forte em questões de dinheiro quanto era em outras áreas de sua vida. Stan de fato amava Diane, mas secretamente retinha o dinheiro, com medo de que ela pudesse usá-lo de maneira errada. O cheque mensal que lhe dava não deixaria margem para erros, o que a aterrorizava.

Stan também retinha informações, o que apenas deu a Diane a oportunidade de tirar conclusões falsas que prejudicaram a ambos.

O casal concordou em contratar um consultor financeiro que os ajudasse a organizar as finanças e depois fizesse a "manutenção" do sistema. O fato de ter esse tipo de ajuda diminuiu de modo considerável o nível de ansiedade do casal. Essencialmente, eles instituíram um sistema externo de cheques e balanços, de forma que mantivessem qualquer energia negativa relativa ao dinheiro do lado de fora do casamento. No decorrer do tempo, Stan começou a agir menos como "pai" e mais como parceiro, e Diane tornou-se mais segura a respeito do dinheiro. Tanto Stan como Diane precisaram levar seu relacionamento com o dinheiro para a conscientização. Eventualmente, foram capazes de descartar seus antigos padrões e convicções, substituindo-os por um sistema que lhes servia melhor como indivíduos e como casal.

Stan e Diane perdoaram-se mutuamente pelos papéis que desempenharam ao criar aquela situação. Foi comovente presenciar como Stan deixou de lado a raiva e aproximou-se da esposa com compaixão e amor. Ele compreendeu claramente por que Diane se tornara tão temerosa, e como sua própria necessidade de controle havia contribuído para esse medo. Cada um deles levara para o casamento seus próprios problemas com o dinheiro, e continuaram a desempenhá-los inconscientemente, até que uma crise ocorreu. Nesse caso, a crise foi uma bênção que, em última análise, levou a um amor e uma compreensão mais profundos entre eles.

É uma experiência recompensadora quando a Terapia da Riqueza funciona dessa maneira. Já testemunhei muitos relacionamentos em que os casais usam o dinheiro como forma de controle. Infelizmente, a energia do controle é constritiva e aos poucos destrói o amor e a confiança entre duas pessoas. Se pudermos nos manter unidos e encarar esses desafios em nossa vida com amor e compaixão, desenvolveremos laços mais profundos e fortes, e teremos um acesso crescente ao fluxo da abundância.

EXERCÍCIO

Terapia da Riqueza para casais

O exercício seguinte irá ajudá-lo a compreender como o relacionamento que seus pais tinham com o dinheiro reflete-se em sua própria vida e em seus próprios relacionamentos. Em muitos casos, este exercício auxiliou meus clientes a descobrirem a fonte dos problemas com dinheiro que estava enraizada nas lembranças e experiências da infância.

Respondam a estas perguntas separadamente:

1. Como seus pais lidavam com dinheiro? De maneira aberta ou reservada?
2. Você cresceu sentindo que o dinheiro era abundante ou escasso?
3. Que tipo de relação com o dinheiro descreve melhor sua mãe? E seu pai?
4. O dinheiro era um motivo freqüente de conflitos entre seus pais?
5. Você pressentia com freqüência que seus pais tinham preocupações ou temores em relação ao dinheiro?
6. Que palavras ou frases eram usadas, a respeito do dinheiro, por seus pais ou outros parentes próximos?

Respondidas essas perguntas em separado, compartilhem as respostas. Revezem-se para ler em voz alta as respostas um do outro. Cada parceiro deverá prestar muita atenção às reações emocionais que o outro demonstra. Esse processo pode ser bastante revelador e sincero. Você pode aprender coisas completamente novas a respeito do seu parceiro. Ela, ou ele, poderá mostrar-se vulnerável de uma maneira jamais vista. Você pode testemunhar uma boa quantidade de sofrimento residual, um sinal de que seu parceiro precisa do seu amor e compaixão para ajudá-lo (a) a se curar. Na medida em que você estiver disposto a oferecer esse amor, seu relacionamento ficará mais forte e mais poderoso. Quaisquer questões de dinheiro que surgirem no relacionamento podem ser superadas, quando se está sob a luz e o poder do amor.

Respondam a estas perguntas em conjunto:

Agora que vocês responderam às perguntas anteriores separadamente e compartilharam as respostas, sentem-se juntos e respondam às seguintes perguntas como um casal:

1. Como vocês lidam com o dinheiro em conjunto?
2. Vocês têm um relacionamento do tipo tradicional, contemporâneo ou autônomo?
3. Vocês estão satisfeitos com esse padrão?
4. Se não, que padrão gostariam de ter, e por quê?
5. O dinheiro é um motivo freqüente de conflitos em seu relacionamento?
6. Você sente que seu parceiro tem preocupações ou temores em relação ao dinheiro?
7. Que palavras ou frases você ou seu parceiro costumam usar em relação ao dinheiro?
8. Algumas dessas palavras encontram-se nas suas listas da infância?
9. Vocês têm filhos? Como acham que eles responderiam às perguntas sobre o relacionamento de vocês com o dinheiro? Façam de conta que são seus filhos. Como vocês gostariam que seus pais se sentissem e pensassem em relação ao dinheiro? Digam um ao outro. Se tiverem filhos, perguntem a eles.

Precisamos aprender a falar a verdade sobre dinheiro, um ao outro, aos nossos filhos, ao mundo. Precisamos construir uma nova base para o dinheiro em nossa vida. Precisamos fornecer aos nossos filhos um nível saudável de conscientização sobre o dinheiro, conforme eles crescem. Já é hora de tirar o dinheiro do armário e trazê-lo para nossa vida, casa e coração de maneiras novas e fortalecedoras. É hora de escolher o amor em vez do medo, a entrega em vez do controle. Pois, escolhendo a luz, deixamos pouco espaço para a escuridão e não precisamos nos preocupar se ela aparecer, porque possuímos o poder de extingui-la.

Capítulo 7 O caminho para a realização

Levante-se rapidamente e prossiga sua estranha jornada.

– Rumi, *The Real Work*, século XIII.

Os padrões que influenciam nosso relacionamento com o dinheiro começam quando somos crianças, quando também recebemos nosso primeiro relance de realização refletido no espelho do mundo material. Como crianças, muitas vezes fazemos acordos inconscientes a respeito do dinheiro, os quais afetam as escolhas que faremos em nosso caminho pessoal quando adultos. Já na escola primária, as crianças aprendem a identificar o dinheiro como um recurso importante para obter o que desejam. Os adultos perpetuam essa crença fornecendo às crianças uma infinidade de provas materiais do seu amor e afeição. E, a cada aniversário ou festa que passa, o nível é aumentado um pouco mais, até que se torna cada vez mais difícil atingir as expectativas que criamos em nossos filhos. Em conseqüência, eles crescem acreditando que a realização é uma realidade externa, material, que pode ser comprada com dinheiro.

Confundimos tanto o dinheiro com a realização que até mesmo o significado dessa palavra foi perdido. A realização só pode ser verdadeiramente experimentada interiormente. Não é algo que se possa adquirir ou comprar. Não é um lugar que você pode preencher com coisas. A realização refere-se à plenitude e à auto-satisfação. É mais um processo do que um destino final. Não é algo que alguém possa lhe dar; é algo em que você se transforma.

Perdendo nosso caminho

Uma das maneiras pelas quais é possível experimentar a verdadeira realização provém do profundo reconhecimento, vindo da sua alma, de que você está no caminho certo e que compreende o propósito da sua vida. Infelizmente, estamos sempre tão desconectados da nossa própria alma que temos dificuldade em encontrar nosso caminho, e com freqüência paramos de procurá-lo. Podemos até mesmo parar de acreditar que temos uma alma. Poucas pessoas foram criadas para se tornar aquilo que poderia satisfazê-las pessoal ou espiritualmente. Esta é uma triste realidade, porque todos nós precisamos de orientação e estímulo para desenvolvermos nossa consciência e aceitação de quem somos e dos dons que possuímos. Conhecer sua singularidade é algo realmente poderoso. Não conhecê-la deixa um espaço vazio que muitos de nós simplesmente tentam preencher de outras formas.

Quando somos crianças, a lembrança do Espírito ainda está recente. Nossa conexão com Deus e com nossa alma é tão próxima da superfície que podemos sentir nossa luz interior com facilidade e alegria. Embora pequenas em tamanho, as crianças possuem grandes dons e um potencial ilimitado. Como adultos, devemos incentivar as crianças a explorar esses dons enquanto a informação está mais acessível, e antes que se tornem envergonhadas da sua espiritualidade. As crianças estão mais próximas do seu "eu" espiritual simplesmente porque estão ocupando seu corpo humano há menos tempo do que os adultos, o que, sem dúvida, é o motivo de serem famosas por revelar a verdade. As crianças provêm da verdade e esta permanece a única realidade que conhecem, até que lhes ensinamos o contrário. Observar uma criança pequena brincando é testemunhar uma alma expressando-se sem qualquer esforço. Até que um dia a criança perde a inocência e, imperceptivelmente, a pessoa intromete-se e obscurece a alma. No entanto, a alma é eterna e nos levará de volta para nosso verdadeiro eu, nossa verdadeira vida e nosso verdadeiro caminho. A alma representa a realização que é revelada quando estamos vivendo na verdade e de acordo com o nosso propósito.

Quando crianças, não nos vemos como separados dos outros; sentimo-nos conectados com tudo que nos rodeia. Por esse breve espaço de tempo conhecemos a verdadeira liberdade. Essa liberdade não precisa do dinheiro. À medida que crescemos, vamos nos tornando conscientes de nós mesmos, enquanto somos cada vez mais definidos pelas pessoas que nos rodeiam, isto é, pelos nossos pais, familiares e amigos. Somos informados de quem somos ou não somos em relação aos outros e à experiência que temos deles. Nós nos tornamos conhecidos como "bons", "maus", "encantadores", "inteligentes", ou quaisquer outros adjetivos que as pessoas para quem olhamos utilizem para nos descrever. Nós nos tornamos inconscientes do efeito poderoso que as palavras e a linguagem exercem em nossa psique e auto-estima. Essa falta de consciência é particularmente danosa para as crianças, que demonstram as feridas psíquicas infringidas pela linguagem tão cedo na vida. Não é de admirar que nossa alma recue tão facilmente para o recesso da nossa vida. Como nosso centro da verdade, a alma é vulnerável às mentiras que nos dizem e submergem a um espaço mais profundo, mais protetor. Essa experiência marca o início da nossa desconexão e explica por que muitos de nós têm dificuldades de encontrar o seu caminho.

No momento em que atingem a idade adulta, muitas pessoas perdem o acesso à verdade que reside no interior da alma refugiada e tornam-se simplesmente aquilo que se espera delas. Nós conseguimos empregos, construímos carreiras, casamos, temos filhos e assim por diante, baseados em acordos inconscientes com as pessoas da nossa vida diária e com aqueles que nos influenciaram. No final, viver dessa maneira funciona para algumas pessoas. Mas muitos outros anseiam por algo mais.

Encontrando seu caminho

Em algum ponto ao longo da nossa vida, a alma adormecida tornase inquieta e anseia por finalmente expressar a verdade de quem realmente somos. Ela se torna aquela voz baixinha e constante em nosso interior que diz: "Espere um pouco, esta não é a vida que eu queria. Esta pessoa não é realmente quem sou! O que estou fazendo aqui? Como faço para sair?" E, subitamente, começamos a questionar nossas escolhas de vida e a olhar em volta para o mundo que criamos, e nos sentimos presos numa armadilha. Num determinado ponto, muitas vezes nos damos conta de que compramos um ingresso para uma vida que não queremos mais viver – mas não há reembolso.

Como um tipo Guerreiro, sempre relutei em ser definida por qualquer pessoa, e sempre me senti compelida a ajudar os outros a encontrar seus caminhos. Desde muito nova, eu sabia que tinha um propósito e um destino. No entanto, não fazia a menor idéia do que seria. Nasci com um dom intuitivo de enxergar a verdade nas outras pessoas. No meu trabalho, este dom freqüentemente permitiu-me "ver" se alguém está em seu caminho verdadeiro. Às vezes, posso ver o obstáculo que bloqueia o caminho da pessoa. Raramente revelo esta informação diretamente à pessoa; em vez disso, trabalho para facilitar sua própria descoberta, abrindo-lhe a porta.

É uma bênção quando somos realmente vistos e reconhecidos pelo que somos. Todos precisamos de alguém que "guarde o lugar" para que nossa verdade maior seja conhecida, até que possamos enxergá-la por nós mesmos. Encontrar nosso rumo de volta para nosso caminho e propósito pode ser uma jornada de uma vida inteira. Algumas pessoas têm sorte e descobrem-no bem cedo na vida. No entanto, a maioria de nós luta para empreender esta jornada e muitas vezes desiste, ou perde-se ao longo da estrada. Mas tudo bem. Não existe erro quando você está realmente trabalhando na direção de encontrar o seu caminho. O que importa é que você continue se esforçando. Nossa tarefa é simplesmente prosseguir na direção da luz, até que possamos vê-la. No século XIII, Rumi, grande poeta e filósofo sufista, escreveu:

> Existe uma coisa neste mundo que você nunca deve se esquecer de fazer. Caso se esqueça de tudo o mais, e não disso, não há nada com que se preocupar; porém, se você se lembrar de tudo o mais e esquecer-se disso, então não terá feito nada em sua vida. É como se um rei o tivesse enviado a algum país para empreender uma tarefa, mas você realizasse uma centena de outros serviços e não aquele para o qual ele o enviou. Pois os seres humanos vêm a este mundo para realizar este trabalho específico. O trabalho é o propósito, e cada um é específico à pessoa.[5]

Embora a verdade seja eterna, não é fácil de saber se estamos ocupados procurando por outras coisas. Se você está tentando descobrir qual é seu caminho, será mais fácil encontrá-lo se parar de esperar que ele esteja revestido de dinheiro. Sempre pergunto às pessoas com quem trabalho o que as desviou do seu caminho. Elas geralmente respondem com convicção que "não há dinheiro nisso", ou que "não podem se dar ao luxo de mudar". Posso apenas lhes dizer o que sei que é verdade: você não pode se dar ao luxo de *não* mudar. O preço de não mudar é muito mais alto do que você jamais poderia imaginar. Só podemos devolver o dom da nossa divindade por algumas vezes, antes que ele não nos seja mais oferecido.

As pessoas me procuram querendo fazer mudanças em sua vida. Sentem que estão fora do rumo e desejam buscar uma nova direção, mas estão incertas sobre como fazer isso. Freqüentemente sentem-se presas por suas escolhas. Muitas vezes sentem que seu único bilhete para a liberdade é o dinheiro. Se ao menos tivessem dinheiro, poderiam empreender essa mudança. Muitas pessoas

---

[5]RUMI, Jalal Al-Din. *The Illuminated Rumi*. Tradução e comentários de Coleman Barks. Nova York: Broadway Books, 1997, p. 24.

acreditam que o dinheiro resolverá seus problemas, comprará a saída para a vida que estão vivendo e a entrada para a vida que desejam. O dinheiro é a varinha mágica, a solução para todos os nossos problemas. Muitos acreditam que é a resposta às preces que muitas vezes esquecemos de fazer.

No decorrer da nossa vida, conforme nos tornamos cada vez mais desconectados do Espírito, perdemos acesso ao nosso poder. Nós nos tornamos cegos para a luz em nosso interior. Quanto mais depositamos nossa confiança e fé no mundo exterior, mais obscuro e desconhecido se torna nosso mundo interior. Sem a incansável voz da alma, que busca constantemente nossa atenção e jamais cessa de tentar nos redirecionar ao nosso caminho, nunca encontraríamos o nosso rumo. Todos possuímos uma bússola interna: apenas nos esquecemos de como usá-la. A alma não diz: "Siga-me, vou lhe mostrar o caminho para o dinheiro." Ela diz apenas: "Siga-me, vou lhe mostrar o caminho." Esqueça o dinheiro! Ele vai aparecer quando chegar a hora. A nossa tarefa é simplesmente seguir os sinais e as indicações oferecidas pelo nosso Espírito interior.

Prosperidade e abundância

Quando estamos no caminho certo, todas as necessidades são satisfeitas em abundância. Antes de prosseguir, devo dizer que as palavras abundância e prosperidade não significam a mesma coisa e precisam ser esclarecidas. Abundância é nosso estado mais natural. Ter abundância significa ter o bastante, ou mais do que o bastante. Ainda assim, o conceito de "bastante" é o que gera um dilema para muitos de nós. A abundância é muito subjetiva, pois o que uma pessoa considera o bastante pode ser uma ninharia para outra. A prosperidade, por outro lado, é um pouco mais fácil de definir. Ser próspero significa "ser bem-sucedido ou afortunado". Nós passamos a acreditar que ser verdadeiramente próspero exige que se tenha "uma fortuna". Como resultado, muitas pessoas vivem num estado de abundância sem nem mesmo saber, porque estão procurando a "fortuna" da prosperidade.

Na minha experiência, a prosperidade não chega facilmente para aqueles que esperam por ela, ou buscam-na especificamente. A prosperidade é o que acontece às pessoas enquanto elas estão ocupadas fazendo outras coisas. Se nossos atos estão conectados com nosso caminho, então somos verdadeiramente afortunados, pois conheceremos a alegria da prosperidade que vem com a realização. As seguintes perguntas irão ajudá-lo a examinar e fazer a distinção entre prosperidade e abundância, na medida em que elas relacionam-se com a realização na sua vida.

Você sente a abundância em sua vida?
Se não, o que acha que está faltando?
Você sente que é próspero?
O que você acha que é prosperidade?
O que o faz sentir-se realizado?
O que permanece não realizado em seu interior?
O que está disposto a fazer para mudar isso ainda hoje?

Reescolhendo seu caminho para a realização

O medo de mudar do conhecido – mesmo se não gostamos dele – para o desconhecido impede muitos de nós de realizar a mágica e a maravilha de estar em nosso verdadeiro caminho. Diariamente encontro pessoas que permitem que o medo as impeça de dar o primeiro passo para a incerteza do caminho que se estende diante delas. Ajuda ter em mente que todos já estamos num caminho. Nenhum de nós é um acidente. Mesmo se não fomos todos "planejados" pelos nossos pais, isso não nos torna nada menos do que um milagre. Não fomos criados apenas porque Deus precisava de mais gente para ocupar o espaço. Deus não comete erros. Tudo e todos têm um propósito.

Cada um de nós tem um presente para dar – uma parte exclusiva de nós, que ninguém mais pode dar. Quando encontramos ou, mais exatamente, descobrimos esta parte de nós, então começamos realmente a brilhar. Acredito que muitas vezes nos perdemos enquanto procuramos quem realmente somos e qual é o nosso verdadeiro caminho, devido à crença errônea de que isso deve ter algo a ver com nossa ocupação ou vocação. O que você faz não é, necessariamente, quem você é. O que você faz para ganhar dinheiro nem sempre é um reflexo de quem você é. Aqueles que encontram uma conexão entre seu caminho e seu meio de vida são imensamente abençoados. Eu acredito, de todo coração, que este é um estado de graça disponível a todos nós. No entanto, ele nem sempre chega facilmente, ou na embalagem que você talvez tenha antecipado. Muitas vezes chega com grande sacrifício. E, às vezes, esperamos tempo demais para empreender a jornada, apenas para descobrir que a jornada terminou.

Outro toque de despertar

Dois anos atrás, o caminho da minha vida mudou drasticamente. Às vezes, penso que, justamente quando você começa a acomodar-se em sua vida, recebe um toque de despertar e se dá conta de que, na verdade, não estava nada acomodado. Certa manhã, recebi um telefonema informando-me que minha grande amiga e companheira espiritual, Barbara, havia morrido. Embora ela estivesse doente, eu não estava preparada para sua morte. Nem mesmo me despedira dela. Barbara havia sido a melhor amiga que alguém poderia ter. Sua vida tocou-me profundamente, e sua morte transformou por completo minha vida.

Durante meses, antes da morte de Barbara, minha própria saúde não estava muito boa. Os efeitos prolongados do estresse e da fadiga estavam me exaurindo. Eu sabia que estava lutando numa batalha que não poderia vencer. Apenas dois anos antes, eu dissera a Barbara que o trabalho dela a estava matando, e que ela precisava mudar de vida. Ela estava começando a definhar, e eu via isso. Ela chorou quando eu lhe disse essas coisas e confessou que se sentia presa numa armadilha, e com medo. Estava paralisada pelo medo com suas finanças e não sabia como sobreviveria se desistisse do trabalho. Eu aconselhei-a a ter fé e confiar em que tudo daria certo. Todos os sinais indicavam que ela deveria seguir em frente. Eu lhe disse: "Deus apoiará sua decisão de fazer essa mudança. Mas você precisa encontrar a coragem e a fé em seu interior para dar o primeiro passo. Continuar desse jeito não está lhe fazendo bem algum." Juntas, procuramos uma forma de mudar o rumo de sua vida. Ela concordou em colocar à venda sua casa e seu negócio. Embora estivesse com medo e não soubesse o que o futuro lhe reservaria, Barbara sabia que não poderia continuar na sua vida como estava.

Infelizmente, quase dois anos se passaram antes que Barbara conseguisse livrar-se das suas cargas financeiras. Pouco tempo depois, recebeu o diagnóstico de que estava com leucemia. Agora, dois anos mais tarde, eu estava começando a ver os mesmos sinais no meu próprio reflexo no espelho. Eu já sabia, havia algum tempo, que precisava fazer uma mudança. Sabia que precisava escrever. E também sabia que recebemos apenas algumas chances de seguir nosso caminho e cumprir a missão que nos foi destinada. Eu podia sentir o espírito de Barbara: ela era minha mensageira. Eu sabia que precisava abandonar a vida que estivera vivendo e meu negócio, a fim de mudar o rumo da minha vida. Eu adiara por tempo demais o momento de viver a vida que realmente desejava.

Certa manhã, acordei e disse: "Vou vender meu negócio e começar a escrever meu livro. Tenho feito meu trabalho e ajudado tantas pessoas a viver seus sonhos, e agora está na hora de fazer o mesmo por mim." Em outras palavras, era hora de fazer o que eu pregava. Não que eu não gostasse do que estava fazendo. Ao contrário, adorava ser uma consultora financeira, e era boa nisso. No entanto, sabia que havia um propósito mais profundo em meu trabalho, cuja descoberta eu estivera adiando. Esperava o momento em que tivesse mais dinheiro, mais tempo, quando minha filha ficasse mais crescida... todas as desculpas que brotam da falta de fé. Por intuição, eu sabia que deveria dar esse passo de fé. Não podia mais adiar a hora de fazer essa escolha.

Exatamente um mês depois, vendi meu negócio e comecei a escrever este livro. Eu me entreguei completamente à minha fé, e ela recompensou-me. Nos meses seguintes, todas as portas abriram-se e minha vida foi inundada de milagres. Todas as minhas preces foram ouvidas. Pedi ajuda e a recebi muito além das minhas maiores esperanças. Amigos e desconhecidos ofereceram orientação e apoio. Antes mesmo de perceber, eu tinha uma agente. Todo o dinheiro que precisava para facilitar minha decisão chegou-me mais facilmente do que nunca. Em menos de um ano, assinei meu primeiro contrato e, pouco tempo depois, a editora que havia previsto para publicar este livro comprou os direitos. Não houve acidentes nem coincidências. Quando você está no verdadeiro caminho, o universo conspira e colabora com você, de maneira mágica. As pessoas muitas vezes me disseram que minha história é a exceção, e não a regra. Prefiro encarar de maneira diferente. Acho que os milagres estão acontecendo o tempo todo, em toda nossa volta. Estão simplesmente esperando que estejamos disponíveis a eles. Tudo o que temos de fazer é ir ao encontro deles com fé e submissão.

Quando você pode expressar livremente o dom do que realmente é, está em conexão direta com o Espírito. Pois aqui você tem acesso ao seu eu mais elevado, a parte de você que possui a chave para manifestar seus melhores sonhos. Neste lugar, as possibilidades são verdadeiramente infinitas.

EXERCÍCIO

Seu caminho de vida

Para determinar onde você está em relação ao seu verdadeiro caminho, responda às seguintes perguntas:

1. Você sente que está no caminho certo?
2. Se não, acha que sabe qual é esse caminho?
3. Que dons ou talentos especiais você tem?
4. O que lhe traz alegria?
5. Quais são os seus aspectos que mais causam alegria aos outros?
6. Há alguma coisa que você sempre desejou fazer ou que ainda precisa escolher?
7. O que é?
8. Por que você ainda não está fazendo?

Quando terminar de responder às perguntas, espere um momento para checar-se internamente e experimente quaisquer emoções que possa estar sentindo. O que este exercício lhe provocou? Que sensações de dor, perda ou tristeza você experimentou? É importante reconhecer e trabalhar esses sentimentos. Escreva-os em seu diário enquanto ainda estão recentes em seu corpo emocional. Esse processo irá ajudá-lo a liberar e curar qualquer dor residual, e limpará o caminho para que o fluxo criativo chegue à sua vida.

Capítulo 8 | A alquimia da fé

Fé – é a ponte sem pilastras
Sustentando o que vemos
Até o cenário que não vemos –

– Emily Dickinson, *Poema 915*, 1864.

Em meu trabalho aprendi que o ingrediente mais essencial para o bem-estar financeiro é a fé. Sem a fé, muitas vezes faltam às pessoas a confiança e a segurança necessárias para manifestar uma realidade maior. Acredito que algumas pessoas já nascem com sua fé. Ela as acompanha quando entram neste mundo e faz parte delas como as batidas do coração. Esses nascidos com tal fé raramente a questionam, se é que alguma vez fazem isso. O destino de muitos nascidos com fé é a vocação para alguma forma de ministério. Outros alimentam a fé daqueles que os rodeiam de maneiras menos óbvias. Talvez sejam anjos humanos, os guardiões da fé e da esperança na Terra.

No entanto, estes representam uma proporção relativamente pequena da população, e o restante de nós somos deixados para definir, ou redefinir, a nossa fé grandemente relacionada com nossa experiência. Com freqüência, abraçamos ou abandonamos nossa fé na medida em que ela nos serve, ou pelo menos é o que parece. É fácil ter fé quando tudo corre bem em nossa vida. Mas é uma história completamente diferente quando nossa vida não segue na direção de que gostaríamos. Muitas vezes, é exatamente quando precisamos mais da nossa fé que a abandonamos, ou nos sentimos abandonados por ela, e perdemos contato com o Espírito em nossa vida diária.

É fácil tornar-se desconectado de algo em que nunca confiamos plenamente. A fé acabou se transformando em apenas outra mercadoria que vai e vem. Ela raramente perdura, porque a vida geralmente é injusta, dolorosa e contraditória para além de qualquer razão. Ser plenamente vivo pede muita coragem. Apenas sair da cama, em alguns dias, exige mais força do que conseguimos reunir. Fazer isso todos os dias, puramente baseados na fé, é um ato com o qual poucos conseguem comprometer-se incondicionalmente.

Na minha vida, quando criança, tive um chamado espiritual e senti a necessidade de compreender e saber quem e o que era Deus. Fui à procura de Deus na religião. Como não havia religião, nem evidência de Deus, em minha própria casa, eu achava que talvez Deus estivesse na casa de outra pessoa. Lembro-me nitidamente de bater na casa de cada um dos meus amigos do meu quarteirão e lhes perguntar sobre Deus. Eu queria saber a que religião pertenciam, perguntava se poderia ir à igreja com eles, lia suas Bíblias. Eu tinha apenas 7 anos e estava numa missão. Ansiava por encontrar o que eu sabia que faltava em minha vida. Fui a muitas igrejas, cristãs, católicas, protestantes, mórmons, das Testemunhas de Jeová. Pense numa igreja: eu a explorei. Foi uma experiência e tanto. Entretanto, não encontrei Deus. Não me liguei a nenhuma dessas religiões. Em todo caso, minha mãe colocou um ponto final nessa minha missão quando a mãe de um dos meus amigos lhe contou que, quando me perguntou de onde eu viera e, entendendo a pergunta em seu sentido "original", respondi que havia nascido num abacaxi no Havaí. Minha mãe não achou graça. Ainda em meio às agonias da minha própria descoberta, eu precisava inventar uma resposta. Embora minha missão tivesse de ser adiada, continuei investigando em segredo, lendo tudo o que podia, apenas para, aos 14 anos, anunciar com uma certa tristeza que Deus não existia. Foram necessários muitos anos e muita coragem para que eu reencontrasse minha fé.

O caminho do perdão

Foi somente aos vinte e tantos anos que comecei a sentir a presença do Espírito em minha vida. A primeira experiência específica que tive foi muito profunda. Eu havia sofrido uma série de traições em minha vida e me sentia solitária, com raiva e muita dor. Nada parecia estar dando certo. Certa manhã, acordei com o som de uma voz no meu quarto. A voz falava comigo nitidamente, e disse apenas: "Já é hora de perdoá-los."

Eu sabia que isso era verdade. Sabia que não conseguiria ser livre até que pudesse perdoar. Aqueles que me traíram tinham provado ser oponentes valiosos, do tipo que você percebe que tem muito a ensinar sobre quem você realmente é. De fato, é impressionante como umas poucas e simples palavras puderam abrir uma porta que transformou minha vida para sempre. E o mais interessante é que não precisei ir à procura daqueles a quem precisava perdoar. No decorrer dos meses seguintes, uma oportunidade apresentou-se inesperadamente para que eu encontrasse cada um deles. E, a cada encontro, a cada ato de amor e perdão, eu me tornava mais livre, e eles também.

Aqueles que me traíram precisavam receber meu perdão tanto quanto eu precisava perdoá-los. A experiência foi bela e positiva. Eu me senti muito viva e feliz, uma vez que esta tarefa do perdão foi completada. À medida que comecei a abrir-me novamente, novas pessoas e oportunidades começaram a surgir. Primeiro, conheci um homem maravilhoso que me ensinou a amar novamente. Ele viu minhas capacidades e encorajou-me a me candidatar para um emprego nos Jogos Olímpicos de 1984. Fui escolhida para a função e tornei-me uma das coordenadoras da Transmissão da Tocha Olímpica, ganhando mais dinheiro do que nunca. Foi uma experiência inesquecível, que me permitiu viajar por todos os Estados Unidos. Fiz amizades com algumas das pessoas mais admiráveis que jamais encontrei. Foi uma época de milagres. Eu encarava tudo que recebia como presente de Deus, com quem eu havia completado, com sucesso, minha primeira colaboração. Foi a primeira de uma longa série. O perdão abre as portas para que você receba sua herança divina. Se você guarda ressentimentos e culpas, fecha as portas entre você e a verdadeira prosperidade.

Em seu *The Notebook*, Elbert Hubbard escreveu: "A alegria inefável de perdoar e ser perdoado gera um êxtase que poderia muito bem despertar a inveja dos deuses." Ele está certo. Quando você perdoa, o Espírito em seu interior desperta e permite que você seja livre e disponível às possibilidades que aguardam que você abra as portas do perdão. Trabalhando com meus clientes, descobri que aqueles que estão dispostos a perdoar experimentam um grau mais elevado de abundância e prosperidade. E, ao contrário, aqueles que não se dispõem a perdoar a si mesmos ou aos outros raramente vão além do seu arquétipo padrão.

Uma das minhas clientes, Sue, estava num programa de 12 passos e estivera empreendendo um trabalho espiritual havia anos. Era uma pessoa boa e generosa, mas o tipo Vítima estava altamente ativo em sua vida financeira. Apesar de todo o trabalho que fizera, ela ainda agarrava-se à sua história do tipo "olhe só o que eles fizeram comigo". Em sua cabeça, seus infortúnios financeiros eram resultado de terríveis atos de injustiça, perpetrados pelos outros, e era ali que sua história terminava. Ela não conseguia enxergar quaisquer outras possibilidades. Eu lhe disse que cabia a ela desfazer o passado, perdoando todos aqueles que ela julgava que a tinham magoado. No entanto, ela não conseguia livrar-se da dor e entregar-se ao perdão. Ela não compreendia que sua falta de disposição para perdoar servia apenas para mantê-la como uma refém do passado. Interrompi meu trabalho com ela, pois sabia que não poderia ajudá-la já que ela se recusava a ajudar a si mesma. Somente quando acabou sem ter onde morar e quase despojada de tudo, ela encontrou a coragem para perdoar.

O perdão é o passo mais importante que devemos dar no caminho em direção à realização. Feridas abertas, ressentimento e culpa são obstáculos que bloqueiam o fluxo do bem em nossa vida. Não é necessário perdoar um ato de injustiça, apenas a pessoa por trás dele. O ato está feito e acabado. Não pode ser mudado. A única coisa que pode mudar é a energia entre você e outro ser humano. Liberar essa energia gera mais espaço para que você manifeste suas qualidades mais elevadas. Faça a si mesmo as seguintes perguntas:

1. Quem ou o que você ainda precisa perdoar?
2. O que o está impedindo?
3. A quem isso magoa mais?
4. Quem será o maior beneficiado pelo seu perdão?
5. Você está disposto a liberar essa energia da sua vida?

O poder da oração

Embora eu sinta uma conexão com Deus e saiba que o Espírito agiu através de mim, precisei de anos para desenvolver o que hoje sei que é minha fé. Tropecei muitas vezes ao longo desse caminho. Durante um período bastante difícil da minha vida, busquei conforto na oração. Por meio da oração, consegui encontrar meu caminho em meio à escuridão. As sementes da fé tinham sido plantadas e cresciam silenciosamente em meu interior e a fé que cultivei desde então me sustentará para sempre. Aprendi que a oração é a melhor maneira de cultivar nossa fé. Aprender a cultivar e desenvolver a fé também tornou-se uma parte integrante da Terapia da Riqueza. Da mesma forma que um dia eu soube que um Espírito "ocasional" agia em minha vida, agora sei que isso acontece sempre.

A oração é o ato de estar presente com Deus, seja lá como for que você defina essa presença. É a maneira como participamos ativamente e colaboramos com o Espírito. Sempre podemos confiar que o Espírito estará presente para nós, incondicionalmente. Todos nós somos filhos de Deus, mas, ao contrário dos pais que nos geraram, Deus não tem expectativas a nosso respeito. Deus simplesmente nos ama e deseja que sigamos nosso coração e nossos caminhos para sermos felizes. Quando permanecemos em nossa própria verdade, estamos unidos com Deus. Qualquer que seja a verdade, se podemos aprender a ouvir sua voz e segui-la, Deus estará conosco, segurando nossa mão. Não importa onde você esteja em sua vida, quão grande seja o obstáculo, quão grande seja a dor ou o medo, a fé e a oração são os caminhos mais fáceis para chegar ao outro lado. Encontre o Espírito em seu interior. Talvez esta seja a estrada menos percorrida, portanto, tome-a. Nós já seguimos por outras estradas, apenas para acabar tomando os atalhos errados, deixando passar os sinais de aviso, ou simplesmente não chegando a lugar algum. Esta é a única estrada na qual podemos viajar do nosso próprio modo e confiar que jamais estaremos sozinhos, perdidos.

A prece como prática espiritual

A prece é a ferramenta mais poderosa que temos disponível, e ainda assim poucos a utilizam ou a compreendem. Muitos dos meus clientes acham difícil rezar. Eles sempre me perguntam como fazer isso. Começou a ocorrer-me que, devido à nossa desconexão com o Espírito, realmente desenvolvemos uma espécie de desconforto com a oração e com Deus. Muitas pessoas sentem que não são dignas da presença de Deus e que lhes faltam as habilidades apropriadas para comunicar-se com o Espírito. Na verdade, todos sabemos, num nível espiritual, como falar com Deus; simplesmente perdemos contato com essa dimensão de nós mesmos, ou a esquecemos. Como qualquer idioma que cessamos de usar ativamente, nós nos esquecemos de como rezar. E lembrar é apenas uma questão de prática.

Não existe uma maneira certa de rezar. A prece é um processo profundamente pessoal, individual. Não importa como você reze, apenas que você reze, e que faça isso com freqüência. Você sentirá e verá a diferença em sua vida numa proporção direta com a freqüência com que reza. Rezar diariamente é a melhor maneira de nutrir a alma, sua vida e seu relacionamento com o Espírito. É o melhor benefício que se pode oferecer seu "eu".

A prece não tem nada a ver com ser indefeso ou impotente. Muitas vezes encontro pessoas que resistem à prece, apenas para descobrir que esse desconforto tem muito pouca relação com a prece em si. Em muitos casos, nossa resistência em rezar resulta de quão indefesos, tímidos e impotentes nos sentíamos quando crianças. Muitos de nós foram tão feridos em nossos primeiros relacionamentos que desenvolveram grandes bloqueios para evitar ser vulneráveis novamente. Observo essa dinâmica com mais freqüência naqueles que foram, de alguma forma, magoados pelos pais. Quanto esforço temos de fazer para obter o amor de que precisamos. Nunca cessamos de precisar de amor. Porém, nós nos tornamos bastante hábeis em esconder o que precisamos e em sabotar a nossa capacidade de recebê-lo. Em algum nível subconsciente, a resistência à prece é um medo da vulnerabilidade e de não ser amado e aceito por Deus. Temos medo de não sermos dignos. Mas somos. Todos somos amados incondicionalmente por Deus. Talvez este seja o único amor realmente incondicional que existe. Apenas precisamos abrir as portas para recebê-lo.

Pedindo orientação

Estar na presença de Deus é ser humilde e poderoso na luz do Espírito. A prece não é para implorar, como muitas pessoas pensam, mas para agradecer e para pedir orientação. Recentemente, um bom amigo veio visitar-me e disse que estava terrivelmente temeroso e precisava dos meus conselhos. Ele não sabia mais o que fazer com sua vida. Por problemas físicos, não podia mais realizar o trabalho para o qual fora treinado, e sentia que não possuía outras habilidades. Perguntei-lhe o que ele achava que precisava. Ele disse: "Preciso de dinheiro, só preciso de dinheiro." Perguntei de quanto dinheiro ele achava que precisava, quanto seria o suficiente para fazê-lo sentir-se seguro e solucionar seus problemas. Ele fez uma pausa e respondeu: "Bem, acho que 100 mil dólares resolveriam o assunto. Mas não sei como consegui-los."

Então, pedi que pensasse sobre o que estava faltando em sua vida, agora que ele achava que ter o dinheiro o ajudaria a mudar. Ele disse: "Bem, tenho tudo o que preciso, algumas coisas até mais do que o bastante. Não está realmente me faltando nada, exceto que quero estar com minha mãe. Ela está com uma idade avançada e precisa da minha ajuda. Não posso ir para lá ajudá-la (ela mora na Europa), e não posso trazê-la para cá. Estou preso numa armadilha."

Eu disse que ele precisava seguir seu coração. Se precisava estar com a mãe, deveria ir vê-la. Esperar que o dinheiro aparecesse antes que ele se sentisse bem para tomar uma decisão não era a resposta. Nunca é. Meu amigo tinha dinheiro suficiente para morar na Europa durante algum tempo. E quem sabe o que poderia surgir para ele uma vez que estivesse lá. Ele começou a ficar zangado comigo. Minhas palavras não eram o que desejava ouvir. Queria que eu lhe desse um “conselho financeiro”. Eu disse que ele não precisava de conselhos financeiros. Tinha dinheiro suficiente. Na verdade, meu amigo tinha tudo o que precisava, embora não fosse rico. O que lhe faltava era fé. Ele era incapaz de confiar que, se seguisse seu coração, tudo ficaria bem. A única solução para seu problema, na cabeça dele, era o dinheiro.

Pedi ao meu amigo que considerasse a possibilidade de rezar e pedir ajuda e orientação. Talvez, pela prece, uma outra solução se tornasse evidente. Ele não tinha nada a perder. Eu não poderia fazer com que 100 mil dólares aparecessem para ele, não mais do que ele próprio conseguiria. Ele precisava cultivar a fé. Precisava conectar-se com o Espírito. Assim fazendo, não apenas encontraria a resposta, mas também descobriria sua capacidade de agir com o coração sem se preocupar com o tamanho da conta bancária. Ele foi separado de sua fonte de poder, seu Espírito, e este estado deixou-o sem poder. Ele acreditava, como muitos de nós, que o dinheiro lhe daria o poder de que ele precisava e que não possuía. Antes que meu amigo fosse embora, naquele dia, ele agradeceu-me e disse que sabia que eu estava certa, mas que simplesmente não conseguiria fazer o que eu dissera. Se ele ao menos soubesse que, cultivando o poder em seu interior a partir do Espírito, poderia fazer qualquer coisa. Se ao menos soubesse que a fonte de toda criatividade, na qual todas as coisas são possíveis e onde nascem os milagres, existe dentro de cada um de nós. Se pudéssemos aprender como mergulhar nesta fonte, seríamos todos verdadeiramente ricos.

Reconectando-se com seu eu espiritual

No mundo materialista em que vivemos, gastamos muita energia tentando adquirir mais do que temos, desejando ser outra pessoa ou querendo estar em outro lugar que não seja aquele onde nos encontramos. Esses desejos nos impedem de experimentar os dons que estão presentes dentro de nós. Acredito que uma grande parte da nossa crescente sensação de *in*-satisfação e *des*-ilusão origina-se diretamente da nossa *des*-conexão com o Espírito. Podemos curar essas partes de nós mesmos cultivando nossa fé e reconectando-nos com nosso "eu" espiritual. Para reunir as partes desencontradas de quem somos, devemos nos lembrar do Espírito do qual viemos. Estamos tão empenhados em viver apenas em uma dimensão da nossa vida que negligenciamos completamente as outras dimensões, incluindo nossa alma e nosso maior recurso, Deus.

Não viemos ao mundo apenas para trabalhar, juntar dinheiro e comprar. Somos seres espirituais nascidos em corpos humanos, enviados aqui com um caminho e um propósito. Temos simplesmente nos tornado tão desconectados do conhecimento e da essência de quem somos, que não podemos mais, conscientemente, nos lembrar ou nos relacionar com nada que não seja visível, que não exista nesta dimensão. Isso não significa que as coisas não estejam aqui. Elas estão. Sempre estiveram. E continuarão aqui por muito tempo depois que partirmos. A maior tragédia que poderíamos sofrer nesta vida é ter vindo e partido sem ter conhecido a beleza e o poder da fé em nossa existência. É a fé, essa conexão com o Espírito, que deve nos guiar e servir enquanto estamos aqui. A fé é o nosso maior presente, e não podemos recebê-lo de maneira apropriada sem cultivar nosso relacionamento com ela. Esta tem sido minha maior lição. É o que precisei aprender para que pudesse ensinar e oferecer esse presente às outras pessoas. Metaforicamente, sempre vejo os estágios iniciais da Terapia da Riqueza como a estrada que leva à porta de uma nova maneira de ser e ver. Cultivar a fé, um dos estágios finais da Terapia da Riqueza, é a chave para abrir a porta, e mantê-la aberta.

Para cultivar a fé, você precisa recuar um passo e analisar em que você acredita, e como essa crença foi instilada em você. Muito do que acreditamos não é nada além das crenças de outros e a nossa reação a elas. Tomamos posse dessas crenças, inconscientemente. Portanto, devemos olhar para dentro da "caixa" das nossas crenças, retirá-las uma a uma e examiná-las. Gosto de usar a imagem visual da caixa, porque isso nos permite separar nossas crenças daquilo que somos. Uma crença tem sua energia própria, e você pode escolher entre possuí-la ou descartá-la, como bem entender. Por exemplo, seguem-se aqui algumas crenças que nos têm sido passadas inconscientemente através da nossa linguagem:

O dinheiro é a raiz de todos os males. (Na verdade, esta é uma citação errônea da Bíblia, que diz: "O amor ao dinheiro é a raiz de todos os males.")

O dinheiro é sujo.

Como resultado, as pessoas que possuem muito dinheiro são "podres de ricas".

O dinheiro é marido da ganância.

Os ricos ficam mais ricos; os pobres ficam mais pobres.

Apenas os pobres sabem o que é humildade.

Não posso me dar ao luxo.

Estou quebrado.

EXERCÍCIO

Sua "caixa" de crenças

Pegue sua caixa. Muitos dos meus clientes fazem ou compram uma caixa especial, apenas para este propósito. Depois, faça a si mesmo as seguintes perguntas e escreva as respostas no diário.

1. Em que realmente acredito, a respeito do dinheiro?
2. Como desenvolvi essas crenças?
3. Quais dessas crenças pratico conscientemente? Essas práticas "refletem" meu relacionamento com o dinheiro?
4. Quais dessas crenças não me servem mais? (Escreva-as numa folha de papel separada.)
5. Estou disposto a abandonar aquelas que não me servem mais?
6. Se sua resposta foi sim, rasgue a lista da pergunta 4. Conscientemente, libere-se dessas crenças. Você não tem a posse delas. Elas não fazem mais parte da sua realidade consciente. A escolha é sua.
7. Você é livre para escolher e reescolher suas crenças. Que crenças da primeira e da terceira lista você ainda deseja escolher? Que novas crenças quer trazer para sua vida? Escreva-as.

Guarde esta última lista na caixa. Quer você esteja usando uma caixa real, quer a esteja mentalizando, é importante visitá-la e reexaminar seu conteúdo periodicamente e repetir este exercício, descartando o que não lhe serve mais e acrescentando o que lhe servirá. Lembre-se: a prática espiritual é uma jornada que exige o comprometimento de pensamento e atos. Quanto mais você praticar, maiores serão as recompensas e mais depressa você se tornará um Mago do dinheiro.

Capítulo 9 | O guia do mago do dinheiro

Todo homem é o arquiteto da sua própria fortuna.

– Salustiano, discurso a César (século I d.C.).

Os magos são mestres na arte de transformar a realidade. Para atingir esse nível de maestria, os Magos sabem que devem estar plenamente conscientes da sua realidade e daquilo que buscam transformar. São alunos do passado e professores do futuro. No entanto, os Magos buscam viver o momento presente num estado de graça e gratidão. São seguidores da luz e líderes do caminho. Conhecem a fonte que reside no interior e têm acesso ao seu infinito poder.

Os Magos estão cientes do jogo do dinheiro, mas empenham-se para não se tornar enredados por ele. Sabem que o jogo do dinheiro refere-se à ilusão do dinheiro como a fonte. Os Magos são conectados com a verdadeira Fonte, e acreditam que o dinheiro é um suprimento ilimitado de expressão criativa, fornecido pelo Espírito Divino. Sempre que os Magos em relação ao dinheiro começam a experimentar dificuldades financeiras, ou quando um problema financeiro específico aparece em primeiro plano, eles procuram solucionar qualquer problema no interior de si mesmos que esteja criando essa situação. O Mago sabe que qualquer sentimento de constrição sobre o dinheiro bloqueará o caminho do seu fluxo criativo. Dessa forma, um Mago esforça-se para manter um elevado nível de consciência e busca ativamente compreender e remover quaisquer medos ou obstáculos em seu caminho. Os Magos sabem que devem manter um relacionamento aberto e consciente com o dinheiro. Reconhecem que o dinheiro é apenas um dos muitos recursos disponíveis para ir ao encontro das suas necessidades. Esses tipos confiam em sua capacidade de atrair o dinheiro de que precisam para a realização dos seus propósitos e do seu caminho na vida. Conhecem e vivenciam a vida abundante. O Mago não busca a prosperidade à toa; pelo contrário, ele acredita que, se a prosperidade for propícia ao seu caminho, ela será bem recebida. Tudo o que o Mago precisar no mundo material lhe será fornecido. O Mago funciona na manifestação intencional do que serve ao seu propósito mais elevado e ao seu caminho espiritual.

O guia do aprendiz de mago

Onde quer que você se encontre em seu caminho, neste momento, qualquer que seja seu tipo de relação com o dinheiro e os problemas que estejam presentes em sua vida, é essencial que você os identifique e solucione, de forma que possa manifestar o relacionamento com o dinheiro que você deseja. Compreenda que, enquanto a abundância é disponível e facilmente acessível para todos, a prosperidade, se não for útil ao seu caminho, talvez não faça parte do seu futuro. No entanto, você pode confiar que sempre terá o suficiente. Quando você submeter isso ao Espírito, o peso das suas lutas financeiras será mais leve, pois você não o estará mais carregando sozinho.

Tornar-se um Mago do dinheiro é um processo, uma peregrinação, que consiste dos seguintes passos:

1. Compreender como você joga o jogo do dinheiro e os lugares onde pode ser apanhado na armadilha do dinheiro.
2. Analisar mais atentamente sua história pessoal e ancestral com o dinheiro, compreendendo como ela deve ter imposto determinados padrões e crenças que não são propícios ao seu caminho.
3. Tornar-se intimamente familiarizado com o tipo de relação com o dinheiro que está ativo em sua vida. Isso envolve assumir um compromisso em compreender e modificar seu comportamento consciente, para que possa criar um relacionamento mais saudável com o dinheiro.
4. Redefinir seu verdadeiro valor e enxergar o valor da sua vida em relação a quem você é e os dons que tem a oferecer. Você é infinitamente mais valioso do que a quantia de dinheiro que possui ou não possui. A verdade de quem você é não tem nada a ver com o dinheiro.
5. Estabelecer uma nova base e relacionamento com o dinheiro, fundamentados em como deseja que o dinheiro apareça para você, e o que realmente precisa que o dinheiro lhe forneça.

6. Tornar-se consciente dos seus pensamentos, palavras e atos em relação ao dinheiro. O que você pensa, fala e faz tem um efeito poderoso na sua capacidade de transformar e manifestar a sua realidade. Escolha conscientemente a postura de amor-bondade, para que possa estar alinhado com seu verdadeiro poder e com o poder da Fonte. Também é importante que você trabalhe rapidamente para remover sentimentos de medo e controle da sua mente consciente e dos seus atos.
7. Procurar conhecer e seguir a direção do seu caminho e propósito. Quando você fizer isso, nunca ficará desprovido. A abundância é sua herança divina. Aqueles que buscam o reino do interior sempre terão acesso ao reino exterior e tudo o que ele oferece.
8. Fazer seu trabalho espiritual todos os dias da sua vida. Reze, medite, conecte-se com o Espírito de quaisquer maneiras que funcionem para você, e com a maior freqüência que púder. Você verá sua vida mudar em proporção direta com o tempo e a energia que está disposto a empregar em homenagem à sua alma e à conexão com o Espírito interior.
9. Cultivar sua fé. Leve-a sempre consigo e confie que todas suas necessidades serão satisfeitas. Quando conseguir construir essa confiança, jamais se sentirá perdido ou abandonado.
10. Levar sempre consigo o poderoso elixir da verdade e do amor, os ingredientes mais transformadores do mundo, hoje e sempre.

Os Magos são alquimistas talentosos que praticam a arte da manifestação através da transformação espiritual. A simples fórmula a seguir é o guia do Mago para a prosperidade.

A fórmula do mago para a consciência de prosperidade

- Mestres na arte de transformar a realidade
- Alinhados com os Princípios Espirituais Universais
- Guiados pelas visões e revelações
- Baseados na integridade em todos os seus atos
- Conectados com a Fonte
- Intuitivos
- Abundantes
- Desvinculados do resultado

O guia do mago para manifestar o dinheiro

Seguem-se aqui nove conselhos para segui-lo no caminho de se tornar um Mago do dinheiro. Aceite-os e integre cada um deles em sua vida e você será capaz de manifestar tudo o que precisa.

1. Procure, primeiro, montar o portfolio da sua vida. Antes que comece a pensar em manifestar a prosperidade em sua vida, você precisa saber quais são seus motivos para procurá-la. Que tipo de vida está buscando? Comece a construir esta vida dia a dia, tijolo a tijolo. Construa agora a base para a vida que deseja. Não espere ter dinheiro antes de começar.
2. Pergunte a si mesmo o que deseja que o dinheiro transforme em sua vida. Você deve saber a resposta a essa pergunta antes que possa esperar manifestá-la. Quanto mais específico for, maior sucesso terá.
3. Procure primeiro o reino interior. O segredo para a felicidade e o sucesso deve estar baseado nas suas necessidades e desejos interiores. Trabalhe para criar um mundo que reflita quem você é.

4. Certifique-se de que a realidade que você procura transformar esteja alinhada com as verdades espirituais às quais você se atribui.
5. Permita-se ser guiado pelas visões e revelações. Desenvolva sua intuição acerca do dinheiro, para que saiba onde concentrar sua intenção. Evite investir tempo, energia ou dinheiro em áreas da sua vida que o desviam de seu caminho.
6. Procure tomar decisões com integridade e agir com integridade acerca do dinheiro. Apenas você conhece sua própria verdade: siga este guia.
7. Peça o que você quer e precisa especificamente. Reze e medite para receber tudo o que o Espírito Divino tem reservado para você.
8. Permaneça desvinculado do resultado. Confie que receberá todo o necessário para servir ao seu bem mais elevado e ao seu propósito de vida. Os Magos sabem que a vinculação é a raiz de toda a infelicidade e desapontamento.
9. Alimente sua alma e mantenha-se conectado com o Espírito. Permaneça ligado a esta grande Fonte de poder e deixe-a guiá-lo em seu caminho.

Mapeando seu rumo

Ouvimos falar constantemente sobre como é importante ter um bom "plano financeiro", que consiste em fazer o raio X de onde você está agora (incluindo sua renda, bens e patrimônios), e depois projetá-lo para o futuro no qual você provavelmente estará, considerando todos os fatores.

O resultado de um plano financeiro indica o quão próximo você está de atingir suas metas e objetivos financeiros, e oferece orientação sobre como melhor atingir seus resultados financeiros desejados. O planejamento financeiro é uma ferramenta bastante valiosa, porque não apenas fornece a perspectiva financeira, mas também aumenta sua conscientização acerca da dinâmica do dinheiro. Como consultora financeira, certamente sou a favor do planejamento financeiro. Mas, infelizmente, os planejadores financeiros e consultores de investimentos raramente olham para a vida interior da pessoa em relação à criação do seu plano financeiro. Os planejamentos tradicionais olham unicamente para as manifestações externas da vida das pessoas. Mesmo o plano financeiro mais sofisticado do mundo lhe fornecerá muito pouca, se é que alguma, ajuda, a não ser que este reflita seus mais íntimos sonhos e desejos. Um bom plano financeiro começa no interior e vai abrindo seu caminho para o mundo material. Os Magos do dinheiro sabem que o segredo para a verdadeira felicidade e sucesso reside em sua capacidade de transformar seu mundo interior na forma física do mundo material.

A pirâmide do planejamento financeiro (conscientização externa)

A pirâmide do planejamento financeiro tem sido usada no mundo financeiro há muitos anos. Ela serve como um recurso visual que ajuda as pessoas a entenderem a importância de construir um futuro financeiro a partir de uma base sólida, e depois continuar de maneira segura e progressiva. Uma típica pirâmide de planejamento financeiro aparece a seguir.

Tradicionalmente, a chave para um plano bem-sucedido é iniciar com uma base forte e ir subindo pela pirâmide com o passar do tempo. Por exemplo, se você fosse simplesmente começar do topo, com investimentos especulativos (que é o que o tipo Tolo provavelmente faria), você poderia facilmente sofrer um abalo financeiro e precisaria de anos para se recuperar. No entanto, acrescentando dinheiro a cada uma das categorias no decorrer do tempo, teoricamente você cobriria todas as bases e criaria uma vida financeira equilibrada. O objetivo é ter um portfolio equilibrado apoiado numa base sólida. Isso evita que uma virada inesperada do mercado, um acontecimento ou uma crise em sua vida destruam tudo o que você trabalhou para construir.

Construindo a pirâmide de sua vida

Da mesma forma que a pirâmide do planejamento financeiro o ajuda a atingir suas metas financeiras, sua pirâmide da vida o ajudará a estabelecer a base para os seus objetivos interiores. Essa pirâmide da vida o ajuda a manter-se nos trilhos do que realmente é importante para você. Esta é sua vida; cabe a você calcular o que realmente é importante e como utilizar seus talentos. Essa parte do seu plano deverá servir como um teste para determinar se o que você está criando no mundo material é um reflexo verdadeiro dos seus sonhos e desejos mais íntimos. Também irá ajudá-lo a evitar ser apanhado numa desnecessária armadilha do dinheiro.

Pirâmide do Planejamento Financeiro (Conscientização Externa)

Uma cliente minha, uma Inocente que está progredindo no caminho de se transformar num Mago do dinheiro, ligou-me recentemente e disse: "Estou pensando em comprar uma casa em Palm Springs. Estive conversando com um amigo e achamos que, se juntarmos nosso dinheiro, poderemos comprá-la. O que você acha da idéia?" Minha voz interior avisou-me de que ela estava saindo do foco. Estava fazendo grandes progressos, mas sua tendência a ser impulsiva voltava à superfície. Perguntei por que ela queria comprar uma casa em Palm Springs. Ela respondeu: "Bem, acho que nunca vou ter condições de comprar uma casa em Los Angeles, e sempre gostei do deserto, e é muito mais barato. Pelo menos terei alguma coisa quando me aposentar."

Disse a ela que, embora todos seus motivos fossem legítimos, eu pressentia que eram guiados por medo e sentimentos de carência e limitação. Ela respondeu: "Bem, acho que preciso remover os pensamentos sobre não ser capaz de ter o que desejo aqui mesmo."

Eu acrescentei: "Talvez você precise pensar em por que acredita que não pode ter uma casa só sua. Já não realizou tudo o que queria até agora?"

Ela concordou que sim, então sugeri que ela passasse algum tempo avaliando se uma casa em Palm Springs era o que realmente precisava, e se a mudança de foco nesse ponto do seu trabalho seria útil ao seu caminho. Sua vida como artista estava começando a deslanchar. Desviar tempo, energia e dinheiro do seu caminho para algo baseado em seu medo de não ter um lugar onde morar dali a vinte anos poderia prejudicar a realidade que ela estava tentando manifestar hoje. Ela ainda estava trabalhando na base.

Permaneça consciente dos motivos por trás das suas decisões e mantenha-se focalizado no que realmente deseja. Um movimento brusco na direção errada, especialmente se for baseado no medo, será apenas um desvio de seu objetivo. Todos os Magos do dinheiro são muito conscientes a respeito das suas escolhas e da maneira como usam seus recursos.

A pirâmide da prosperidade do Mago (conscientização interior)

Criar uma pirâmide da prosperidade irá ajudá-lo a elucidar sua conscientização interior para que você possa confiar nela como a sua força-guia. Lembre-se de que um Mago busca o reino interior como o primeiro passo. Com esse conhecimento, você possuirá o poder de transformar o mundo externo.

Pirâmide da Prosperidade do Mago (Conscientização Interior)

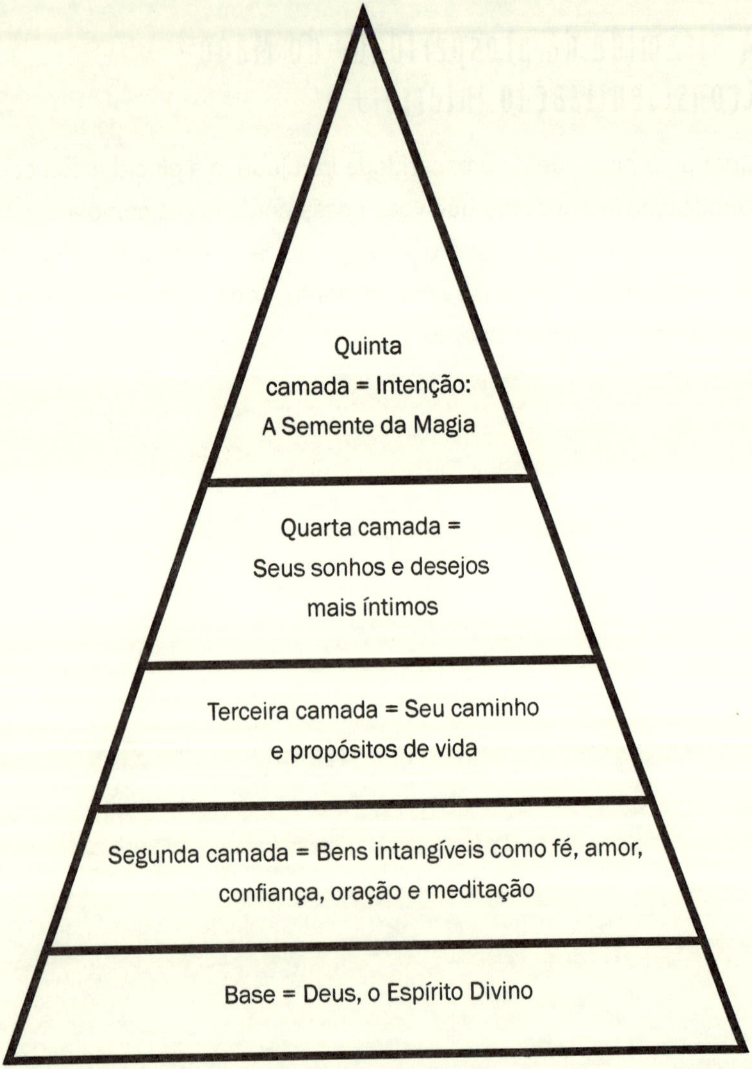

EXERCÍCIO

Criando sua própria pirâmide da prosperidade

1. Começando por baixo, crie sua base. Nomeie-a de acordo com o Poder Mais Elevado no qual você acredita.
2. Na camada seguinte, acrescente todos os bens intangíveis que você possui e com os quais está comprometido.
3. Quais você acredita que sejam seu caminho e propósito? Se não sabe, comprometa-se em descobri-los.
4. Quais são seus sonhos e desejos mais íntimos? Estes podem ser tangíveis ou intangíveis.
5. Estabeleça sua intenção. Qual é a realidade que você busca transformar em sua vida?

Agora crie a sua pirâmide financeira:

1. Que tipo de base financeira você tem agora? Escreva essa informação no interior da pirâmide.
2. Que bens tangíveis você possui (tipo e valor)?
3. Que investimentos você tem (tipo e valor)?
4. Quc planos de aposentadoria você possui (tipo e valor)?
5. Que investimentos especulativos você possui (tipo e valor)?

Baseado em sua pirâmide financeira, pergunte-se:

1. Quão sólida é sua base?
2. Quão equilibrada é sua pirâmide?
3. Que áreas necessitam de reforço?

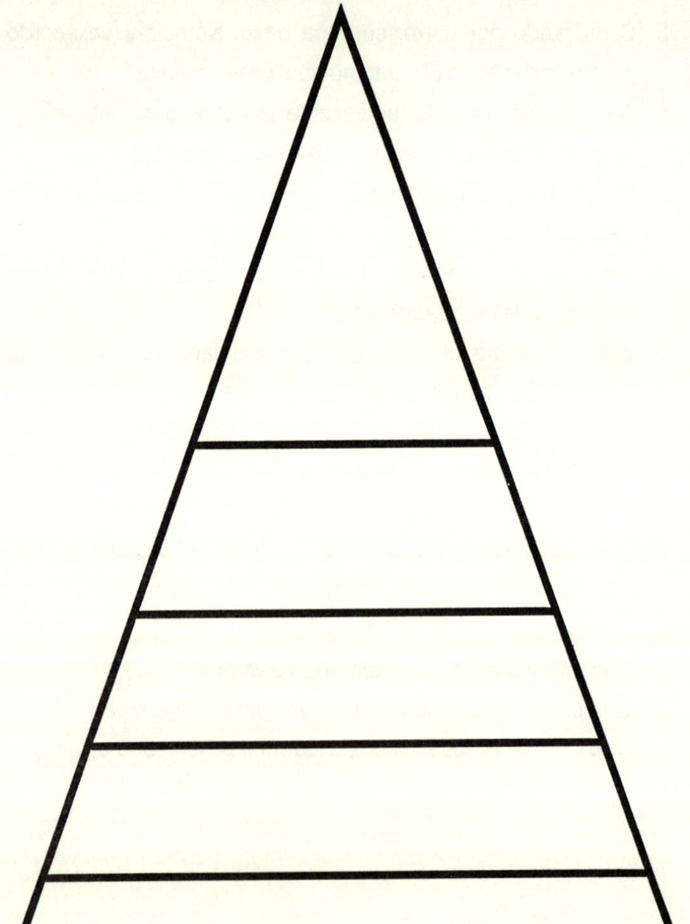

A peregrinação do magi

A raiz da palavra Mago é magi. Uma das mais antigas referências à palavra magi aparece na Bíblia, referindo-se aos Três Reis Magos. Os magi eram guiados pela luz de uma estrela no Extremo Oriente, que os levou a uma peregrinação por Israel a fim de prestar homenagens ao Rei recém-nascido, o Filho de Deus. Cada um deles trazia consigo um presente diferente: ouro, incenso e mirra. Os Três Reis Magos eram chamados assim porque possuíam o conhecimento do reino interior. Eles haviam seguido a luz que os levou para a Fonte, e prestaram homenagens à Fonte com seus presentes. Cada um possuía um dom diferente e viajou muito tempo para ofertá-lo. Nenhum dos presentes foi considerado mais valioso do que o outro. Eles eram igualmente representados diante de Deus.

Essa história serve como uma excelente metáfora para os futuros Magos. Todos estamos numa jornada. Embora o caminho possa não ser claramente definido, se tivermos fé e pedirmos orientação, o rumo será indicado. Como os três magi, os Magos do dinheiro são guiados pela luz interior. Esta luz está disponível a todos cujos olhos estejam dispostos a enxergar além do visível. Os Magos não esperam que o dinheiro apareça para embarcar em sua peregrinação. Eles viajam com os dons que possuem. Prestam homenagem à Fonte usando seus dons com sabedoria. Eles têm fé e confiam em sua herança divina, sem saber quando ou como ela manifestará. Eles não se preocupam com os detalhes, pois esta não é sua função. Sabem que são capazes de realizar tudo o que precisam para ajudá-los a atingir seu caminho e propósito. Com este fim, sabem que tudo lhes será fornecido.

Por muitos anos tive dificuldades em "ir para a frente" financeiramente. Sempre trabalhei muito e arrisquei-me mais do que a maioria das pessoas. De alguma forma, parecia-me injusto que não fosse mais bem-sucedida financeiramente, considerando-se meus esforços. Claro, eu ganhava bem, mas ainda me sentia traída, de certa forma, por não ser "rica".

Então, certo dia, atinei com o fato de que não estava enxergando minha vida de maneira correta. Sempre valorizei minha liberdade e independência pessoais acima de tudo. Além disso, o ambiente doméstico é essencial para minha paz e bem-estar. Quando comecei a fazer uma contabilidade da minha vida, percebi como tudo havia funcionado da maneira mais sincronizada para criar a vida que eu mais valorizava. Eu tivera meu próprio negócio durante a maior parte da vida. Tinha sido completamente independente financeiramente desde os meus 17 anos. Havia viajado muito. Havia morado em alguns dos lugares mais belos do planeta. A cada mudança que eu fazia, minha família e meus amigos iam me visitar e diziam: "Como você consegue encontrar lugares tão bonitos?" Minha resposta sempre foi: "Apenas peço o que preciso."

Eu sou um Mago do dinheiro. Sei como criar e manifestar tudo o que preciso, incluindo o dinheiro, para sustentar meu caminho e a vida que escolhi. Tenho o suficiente de tudo. Sou tão "rica" e próspera quanto qualquer outra pessoa que conheço. Uma outra compreensão que tenho sobre o dinheiro é a seguinte: ter dinheiro demais, cedo demais, freqüentemente tira as pessoas do seu caminho. Por exemplo, sei que, se eu tivesse feito uma "fortuna" muito cedo em minha vida, provavelmente não teria ficado nesse caminho. Eu não teria enfrentado as dificuldades que encontrei, nem aprendido as lições que foram necessárias para trazer-me até este ponto. As conseqüências de sair do meu caminho teriam sido imensuráveis, pois eu não teria conhecido as pessoas que conheci, ou tido a oportunidade de empreender este trabalho ou fazer a diferença na vida das pessoas, seja ela grande ou pequena. E, provavelmente, não teria escrito este livro.

Quando me formei na faculdade, com especialização em Inglês, lembro-me de ter dito que havia desistido da idéia de ser escritora e professora porque estava cansada de ser pobre. Eu conhecia bem demais essa experiência e estava pronta para ser próspera. Bem, vinte anos se passaram e vou participar da reunião de turma da faculdade. Estarei aparecendo como escritora, professora e consultora financeira. Esse foi meu caminho, todo esse tempo.

Escute seu Espírito interior. Você também será guiado a tomar o caminho para o qual foi destinado. Talvez nem sempre seja fácil, mas tudo terminará como deve ser. Você vai saber como é viver em abundância. Talvez até experimente uma grande prosperidade. Portanto, libere-se e não tenha medo. Arrisque tudo, se precisar. Confie que será cuidado, e será. A viagem para se tornar um Mago começa com o primeiro passo. Quem quer que você seja, e onde quer que esteja agora... abra a porta e dê início à sua jornada. Tudo o que precisa está disponível a você. Se sabe qual é o caminho, siga-o. Se não sabe, peça ajuda. Peça e receberá.

Capítulo 10 Para onde vamos a partir daqui?

O objetivo da vida é viver, e viver significa estar consciente, alegremente, embriagadoramente, serenamente, divinamente consciente.

– HENRY MILLER, *THE WISDOM OF THE HEART*, 1941.

O bem mais importante que você possui é a vida que lhe foi dada. O que você decide fazer com esse presente, no período de tempo relativamente curto em que estará de posse dele, determina se vai ou não deixar esse mundo tão rico quanto era quando chegou. Pois que lhe foi dado tudo o que você sempre precisou na semente da possibilidade que nasceu como você. Você é um milagre. Qualquer pessoa que lhe disser o contrário, incluindo você mesmo, está errada. Lembre-se da verdade e viva sua vida cercado por esse conhecimento. Forme um círculo de crença em torno de si mesmo que diz: "Eu sou um milagre, e a semente da infinita possibilidade nasceu dentro de mim e ainda está comigo." Não permita que ninguém, ou qualquer coisa que lhe aconteça, altere esta crença, pois ela é a verdade eterna.

Na manhã em que comecei a escrever a conclusão deste livro, meu guia interior disse: "Preste atenção à paisagem da sua vida." Então, saí para dar um passeio lá fora e fui atraída para uma velha e magnífica árvore no meu jardim da frente, onde muitas vezes me sento e observo. Este velho pinheiro possui uma majestade e uma sabedoria nas quais sempre encontrei conforto. A natureza é uma mestra poderosa. Enquanto meditava junto à árvore, comecei a pensar quanto tempo se passara desde que ela iniciara sua jornada a partir de uma semente. Ela deve ter mais de 200 anos. E tem uma vida tão simples. Não precisa fazer nem pensar nada para ser bela. Não precisa processar mudanças, pois suas mudanças ocorrem naturalmente. Não tem de ser consciente, nem fazer escolhas. A árvore não precisa fazer nada. Ela apenas é. O que começou como uma semente cresceu quase sem esforço a uma altura imensa. Ela expandiu-se de muitas maneiras, em profundidade e altura, e seus muitos galhos estenderam-se e ergueram-se para o céu. Passou por muitas estações e mudanças durante sua longa vida, todas porque uma minúscula semente foi plantada tempos atrás. A árvore tem um propósito, que é simplesmente viver todos os dias.

Deus é o artista mais magnífico. Todas as criaturas vivas que você vê existiram primeiro na imaginação do Espírito Divino. Tudo na natureza foi lindamente pintado e esculpido em suas formas com intenção e propósito. Claro, a diferença entre nós e a árvore é que nos foram dados o poder de pensamento criativo e o livre-arbítrio. Estes são os dons que nos tornam humanos. Foi nos dada a vida, uma tela em branco e uma imaginação para pintar e criar nossa própria realidade. Ao contrário da árvore, cuja única realidade foi nascer de uma semente, devemos usar esses dons que nos foram oferecidos – criatividade, imaginação, consciência e livre-arbítrio – para crescer na plenitude do nosso ser. Devemos cultivar a semente do nosso potencial cuidando diariamente do solo da nossa vida. Quando nos esquecemos de fazer isso, estamos desperdiçando a riqueza oculta em nosso potencial.

Pense nisso. Se todos os dias, não apenas algum dia (o que, de qualquer forma, é uma ilusão), você plantasse uma semente para a mudança, crescimento e transformação da sua vida, imagine como a árvore da sua vida poderia crescer? A natureza não tem uma consciência e a capacidade de criar a si mesma. Apenas a nós foi dado este presente. Não podemos nos dar ao luxo de ficar parados e ignorar quem somos e o que estamos fazendo. Agir assim é viver em estagnação, o que, na natureza, é o início do estágio da morte. A natureza é um espelho e uma metáfora para nossa vida, um assunto para reflexão. "Preste atenção à paisagem da sua vida", a voz interior me disse. Que parte da sua vida ficou adormecida por tempo demais? Preste atenção aos lugares no seu interior que estão estagnados. Eles são bloqueios ao fluxo da abundância que o espera.

Plantando as sementes

Então, para onde você vai a partir daqui? Olhe atentamente para onde você está neste exato momento da sua vida. Encontre os lugares, em seu interior, que precisam crescer e mudar, e plante a semente para essa mudança hoje mesmo. Se você quiser mais amor em sua vida, plante a semente e torne-se o amor que deseja. Dessa forma, você sempre terá o bastante. Se estiver esperando pelo parceiro certo, plante a semente e pratique ser o companheiro certo para si mesmo.

Fazer isso o ajudará a dar primeiro, quando o que mais deseja é receber. Se quiser mais dinheiro, plante uma semente para modificar seu relacionamento com o dinheiro. Seja consciente das suas intenções e procure compreender as perguntas antes de ir em busca das respostas. As respostas e o caminho lhe serão mostrados.

Seja o que for que você queira mudar nesta vida, você deve estar disposto a estar lá primeiro, e talvez a fazer as coisas de maneira diferente. Você não pode exigir que as situações mudem enquanto se senta passivamente e espera pelos resultados. Ninguém pode fazer o trabalho por você. Você é o artista, portanto, transforme sua vida numa obra de arte. Esta não é uma tarefa fácil, mas sempre vale a pena. Alguma vez você já observou uma sementinha abrir seu caminho pelo solo? Não importa quão dura e resistente seja a terra, ainda assim a semente consegue abrir caminho. É um processo impressionante e miraculoso. É o mesmo com sua vida. Sempre que precisar abrir caminho para chegar ao outro lado você conseguirá. Estas não são apenas palavras.

Eu também conheci as dificuldades e a adversidade. Elas são reais. Sei também que é por meio da luta que aprendemos a conhecer as nossas forças e descobrir nossa coragem. Não pense, nem por um minuto, que você está sozinho nesse processo. Não está. Você ainda tem muito a dar e receber. O fato de você estar aqui é a única prova de que precisa. Se seu trabalho já estivesse completo, você não estaria lendo este livro. É bastante simples. Você pode começar, conscientemente, plantando pelo menos uma semente a cada dia da sua vida: uma semente para mudança, criatividade, amor, alegria, abundância e prosperidade. Veja o que você pode se tornar. Você é o jardineiro da sua vida. Ame-a e cultive-a. Acredite em suas possibilidades. Deus lhe fornecerá o calor, o sol e a Luz. Trabalhe nela diariamente. Comece hoje.

Programa de prosperidade de sessenta dias

Costuma-se dizer que os velhos hábitos demoram a morrer e que os novos hábitos não nascem facilmente para ocupar o lugar deles. Para usar as informações que recebeu neste livro, você precisa começar a fazer escolhas conscientes para mudar sua vida e seu relacionamento com o dinheiro, enquanto as informações ainda estão frescas em sua mente. Se você se limitar a ler este livro e não fizer nada para mudar seus pensamentos e atos, terá perdido uma oportunidade de mudar sua vida. Recomendo que, para implementar com sucesso qualquer mudança significativa, especialmente aquela que envolve o comportamento inconsciente de uma vida inteira, você dedique um mínimo de sessenta dias para criar uma nova conscientização.

Nos primeiros trinta dias, você deverá começar a ver a diferença em seu nível de percepção, e talvez até experimente uma "virada" em sua vida financeira. No entanto, não interrompa o programa antes do final do período de sessenta dias, porque é muito provável que sua mente retorne aos padrões anteriores. Estudos indicam que os padrões de comportamento tornam-se fisicamente formados no cérebro, no decorrer do tempo. Até que os novos comportamentos estejam firmemente estabelecidos, sua mente estará naturalmente inclinada a reaver os antigos padrões. Em conseqüência, quanto mais tempo você repetir qualquer pensamento ou comportamento positivo, mais provável será que ele se transforme numa reação automática.

Criando seu programa de prosperidade

1. Faça uma lista de tudo pelo que você é grato.
2. Faça uma lista de tudo o que você precisa fazer com dinheiro e que ainda não fez.
3. Monte um altar sagrado em sua casa, consistindo de qualquer coisa que represente o que você mais valoriza em sua vida e que busca realizar. (Se você não tiver essas coisas, faça uma colagem com figuras que as representem.) Coloque uma vela em seu altar.
4. Passe um mínimo de cinco minutos pela manhã e cinco minutos à noite em seu altar, em oração e meditação. Comece acendendo a vela como um símbolo da Luz em seu interior que se conecta com o Espírito. Leia em voz alta sua lista de gratidões e agradeça por tudo o que lhe foi dado. Leia em voz alta a lista de necessidades com dinheiro e peça que lhe seja mostrado o caminho para que receba tudo o que necessita. O poder da invocação tem sido usado, com resultados, há séculos. Desenvolvendo seu relacionamento com o Espírito, você aprenderá a dança da colaboração.
5. Leve um bloquinho consigo o tempo todo. Sempre que pensar ou falar alguma coisa negativa sobre dinheiro, seja um temor passageiro ou um pensamento sobre si mesmo ou outra pessoa, anote-a. Apanhe-se no minuto em que disser ou pensar qualquer coisa que contradiga sua intenção. Enquanto escreve, diga conscientemente a si mesmo: “Eu não acredito realmente nisso. Esta crença de nada serve ao meu propósito. Não vou mais abrigar este pensamento em minha mente.”
6. Tente evitar pessoas que têm atitudes e comportamentos negativos em relação ao dinheiro. A energia delas é contraproducente para as

mudanças que você está tentando criar em sua vida. Se não for possível evitá-las, tente pedir-lhes que não expressem seus pensamentos negativos a você.

7. Guarde uma nota de 100 dólares na sua carteira ou bolsa, como um lembrete do suprimento invisível. Tente não gastá-la. Há mais de onde ela veio. Este dinheiro é apenas um símbolo de tudo o que está disponível a você. Só porque você ainda não tem todo o dinheiro que acha que precisa neste momento, não significa que ele não exista. Existe um suprimento invisível de dinheiro, e todo aquele que você precisa já lhe foi reservado.
8. Pratique a generosidade por meio de atos de doação consciente. Preste atenção às necessidades não ditas daqueles a quem você ama, e também das outras pessoas. Elas precisam de alguma coisa que você tem para dar? Uma palavra bondosa, um gesto, um sorriso, uma refeição... não importa o que seja. O que importa é que você pratique conhecer e vivenciar um lugar de abundância.
9. Escolha uma testemunha sagrada para compartilhar essa experiência com você. Escolha alguém em quem você confia e com quem pode partilhar tudo e saber que está seguro. Peça a ela que "guarde o lugar" para você transformar seus sonhos em realidade. Durante esse período, converse apenas com essa pessoa sobre o que está fazendo.
10. Submeta seus medos de carência e limitação. Escreva uma carta para Deus (ou para um amigo) e envie todo o seu medo para umas férias de sessenta dias. No entanto, esteja preparado se por acaso ele não voltar.
11. Olhe-se no espelho todos os dias e lembre-se de que existe mais em você do que aquilo que está vendo. Você está muito familiarizado com este reflexo externo. Mas o quanto bem conhece desse interior? Aproveite o tempo, nesses sessenta dias, para familiarizar-se

mais com seu "eu" interior. Uma coisa é certa: vale a pena conhecer você inteiro.

Quando os sessenta dias se passarem, você pode ou não ter manifestado o dinheiro ou as mudanças que trabalhou para transformar. Isso não significa que não vai acontecer. Lembre-se de que, embora nunca devamos ter medo de pedir o que queremos, devemos permanecer desvinculados do resultado. Peça e libere-se. Deixe os detalhes com Deus. Esta é a parte mais difícil da lição, mas uma vez que você aprendê-la tudo o mais parecerá fácil. Agarre-se à sua fé como se fosse o braço de um amigo poderoso. Com o tempo, você verá as mudanças em si mesmo e em sua vida, que são claras indicações do que ainda virá. Ao longo do caminho, você poderá encontrar pessoas, até mesmo amigos e familiares, que desafiam sua fé e fazem-no sentir que seus esforços são infrutíferos. Eles não são. É necessário tempo para se tornar um Mago. Permaneça no caminho e mantenha sempre a conexão com o Espírito. Viva sua vida com o coração aberto e faça o que deve ser feito com fé e confiança no resultado certo.

FONTES DE CONSULTA E LEITURAS RECOMENDADAS

BECKWITH, Michael. *40-Day Mind Fast, Soul Feast.* Culver City, Califórnia: Agape Press, 2000.

CARLSON, Richard; SHIELD, Benjamin. *De corpo & alma – 30 reflexões que podem transformar sua vida.* Rio de Janeiro: Objetiva, 1999.

CHOPRA, Deepak. *As sete leis espirituais do sucesso – Guia prático para a realização de seus sonhos.* Rio de Janeiro: Best Seller, 1994.

GAWAIN, Shatki, King, Laurel, *Vivendo na luz.* São Paulo: Pensamento.

HARVEY, Andrew. *A trilha – criando uma jornada ao divino através das tradições místicas do mundo.* Rio de Janeiro: Bertrand, 2003.

HOLMES, Ernest. *How to Change your Life.* Deerfield, Califórnia: Science of Mind Publishing, Health Communications, 1982.

NEEDLEMAN, Jacob. *O dinheiro e o significado da vida.* São Paulo: Cultrix, 2001.

RUMI, Jalal Al-Din. *The Illuminated Rumi.* Tradução e comentários de Coleman Barks. Nova York: Broadway Books, 1997.

WEATHERFORD, Jack. *A história do dinheiro.* Rio de Janeiro: Campus, 2005.

SOBRE A AUTORA

Deborah Price atuou no ramo de serviços financeiros por 15 anos. Trabalhou com empresas como *Merrill Lynch, Mass Mutual* e *Edward Jones Investments*. É consultora de investimentos independente licenciada e corretora de ações afiliada à *Select Advisors, Inc.* Atualmente trabalha como consultora e orientadora financeira. Conduz seminários sobre a Terapia da Riqueza para grupos particulares e corporativos. É também autora de *Start Investing Online Today* (Adams Media). Deborah mora com a filha numa fazenda de cultivo de uvas em Healdsburg, Califórnia.

Para informações referentes à consultoria financeira ou aos seminários sobre Terapia da Riqueza, entre em contato com Deborah Price pelo site www.money-therapy.com.

Este livro foi composto na tipologia Franklin Gothic Book,
em corpo 10.5/15.9 e impresso em papel off-white 80g/m²
no Sistema Cameron da Divisão Gráfica da Distribuidora Record.